DIE
ITALIENISCHE
KÜCHE

DIE ITALIENISCHE KÜCHE

LA CUCINA TIPICA

einfach und gut

Strato Cotugno
Peter C. Hubschmid
Urs Kluyver

ZEISEVERLAG

INHALT

DIE EINFACHE ITALIENISCHE KÜCHE

EINE EINFÜHRUNG

Auf den Märkten wird überall frische Pasta angeboten wie hier in Padua.

Ein Teller voller dampfender Spaghetti mit sonnengereiften Tomaten und aromatischem Basilikum – typisch italienisch, und für viele im Ausland der Inbegriff der italienischen Küche schlechthin: Ein Klischee, das einen wahren Kern hat, aber nicht die ganze Wahrheit ist. *Pasta* gehören zur *cucina tipica*, der typischen Küche des Landes. Nudeln sind ein Grundnahrungsmittel, wie man beim Anblick des Pastaregals in einem italienischen Supermarkt leicht feststellen kann. Ein Teller Pasta – für viele Italiener ist das die Hauptmahlzeit des Tages, ein Thema mit unendlichen Variationen, dank hunderten von Nudelarten und der Vielzahl von Saucen und Zutaten. Dazu ein Salat gereicht, vielleicht ein Stückchen Fleisch, Fisch oder Käse, vor dem Kaffee noch etwas Obst, und eine genußreiche Speisenfolge ist garantiert. Die Küche macht Appetit.
Daß sie auch noch sehr gesund ist, haben Wissenschaftler erst in jüngster Zeit festgestellt, ebenfalls daß das Glas Wein zum Essen gut tut – vor allem der rote.
Die *cucina tipica* ist geprägt von guten Produkten, deren Charakter am besten in einfachen Zubereitungen zur Geltung kommt. Komplizierte Saucen und aufwendige Rezepturen sind ihr fremd. Ein treffliches Beispiel der Umsetzung dieser kulinarischen Philosophie ist *prosciutto e melone*, luftgetrockneter Schinken und reife, aromatische Honigmelone sind eine genial einfache Kombination – eine leichte und dabei gehaltvolle Vorspeise und geschmacklich schwer zu übertreffen, sofern die Melone wirklich reif ist. Und die gibt es eben nicht das ganze Jahr hindurch. Das gleiche gilt für die Feigen, die alternativ zum Schinken serviert werden. Sie sind sehr empfindlich und werden für den Transport unreif geerntet. Nur wer sie vollreif vom Baum gekostet hat, weiß, daß sie süchtig machen können.
Zu den weltbekannten Klassikern gehört auch der *mozzarella caprese* – ein Sommergericht mit Käse, dessen Qualität mit dem Aroma der Tomaten und des Basilikums steht und fällt; mit faden Treibhausprodukten ist es reizlos.
Die *cucina tipica* ist die Küche des Volkes – auch *cucina povera* genannt, die Küche der Armen, deren Reiz heute neu entdeckt wird. Ihre Geschichte reicht mindestens dreitausend Jahre zurück. Aus dieser Zeit sind zum Beispiel Bohnen, Linsen und Hirse überliefert, die man in Tonkrügen in einem etruskischen Grab fand.. Heute kann man diese fürs Jenseits gedachten Vorräte im archäologischen Museum von Perugia bestaunen, der Hauptstadt Umbriens, im Kernland der etruskischen Kultur. Wie lebendig die Kultur der Hülsenfrüchte ist, erlebt man nur ein paar Schritte vom Museum entfernt in einem Laden, der auf Hülsenfrüchte spezialisiert ist. Eine Sorte besonders flacher runder Bohnen heißt *la moneta del Papa* – das Kleingeld des Papstes. Getrocknete Bohnen sind eine Hauptzutat der *minestrone*, die mit ihren Gemüsen der Jahreszeit mehr Eintopf als Suppe ist. *Pasta e fagioli*, Nudeln mit Bohnen, sind ein klassisches Gericht, das es in zahlreichen Variationen mit verschiedenen Teigwaren und Bohnen gibt. *Ceci*, Kichererbsen, werden u. a. zu Eintöpfen und Salaten verwendet.

Aus Kichererbsenmehl und Wasser mit Salz und Olivenöl wird die ligurische *farinata* gebacken, ein dünnes Fladenbrot, das kalt oder warm gegessen wird.
Die Hirse der Antike dagegen ist als Grundnahrungsmittel von Weizen und Reis verdrängt worden.
Schon im alten Rom backte man aus Weizen das tägliche Brot. Um den Bedarf der Hauptstadt zu decken, wurde Getreide auch aus Ägypten importiert. Und im Italien von heute ist Brot das tägliche Brot – viel stärker als bei uns. Ganz selbstverständlich kommt frisches Brot zu jeder Mahlzeit auf den Tisch. Als kleiner Imbiß, *merenda,* präsentiert sich Brot als köstliche Unterlage. Etwa als *bruschetta*: eine Scheibe geröstetes Brot wird mit einer halbierten Knoblauchzehe abgerieben und mit Olivenöl beträufelt.
In der Toskana, einem Zentrum der Bruschetta-Kultur, kommt noch Salz drauf. Denn das traditionelle toskanische Brot wird ohne Salz gebacken – die Speisen, die es begleiten soll, sind in der Regel kräftig gesalzen. Die Römer lieben ihr *ciabatta* – der Name „Pantoffel" weist auf die Form des Brotlaibes hin. In Genua und Umgebung bevorzugt man die *focaccia,* die mit Olivenöl als großer Fladen gebacken wird. Spezialität des Veneto sind kunstvoll, z. B. in Form einer Hand, gebackene *panini,* Brötchen.
Nur morgens verzichten die Italiener auf Brot – Frühstück findet kaum statt.
Man trinkt lieber auf dem Weg zur Arbeit seinen Cappuccino im Stehen an der Bar – und ißt allenfalls ein kleines süßes Hörnchen oder eine Brioche dazu.
Pranzo, das Mittagessen, ist die wichtigste Mahlzeit. Betriebe, Büros und Läden schließen. Und richtig glücklich fühlt sich nur, wer nach Hause gehen kann, um im Kreise der Familie zu speisen.
Gemeinsam essen ist ein Eckpfeiler des italienischen Lebens, wovon Kinobilder zeugen, wie die riesige Schüssel Polenta, die in Bertoluccis „1900" auf den Tisch der hungrigen Landarbeiter gestürzt wird, oder die unvergeßlichen Tafeleien und Freßszenen in Fellinis „Roma".
Die *cucina tipica* Italiens ist eine Küche der Regionen und der Jahreszeit.
Gemüse der Saison prägen die Mahlzeit. Was gerade reif ist, hat den besten Geschmack – und ist preiswert. Alltags besteht ein Mittagessen oft nur aus einem Salat, gefolgt von einem Teller Pasta, Reis oder Polenta.
Die *pasta asciutta*, also Spaghetti und die anderen, teilweise phantasievoll geformten getrockneten Teigwaren bestehen aus Hartweizen. Und sonst nichts. Das bei der Herstellung verwendete Wasser verdunstet beim Trocknen. Die nötige Bindung erhalten diese Nudeln durch den „Kleber" – das ist ein pflanzliches Eiweiß, von dem Hartweizen *(grano duro)* wesentlich mehr enthält als der Weichweizen, mit dem wir z. B. Kuchen backen. Wenn Sie in einem italienischen Laden Hartweizenmehl auftreiben, können Sie daraus selber Ihre Nudeln ohne Ei machen – man muß nur lange genug kneten, damit der Kleber sich lösen kann und teigbindend wird. Bei der *pasta asciutta* gibt es zum einen

Morgens der schnelle caffè an der Bar

Bei italienischen Familien wird häufig die Pasta frisch zubereitet serviert.

die im Schnellverfahren mit Heißluft getrocknete Ware der Großindustrie, zum anderen die langsam getrocknete der handwerklichen Produzenten, der *pastai artigiani.*
Die Oberfläche der Industrienudeln ist durch die Heißluft glatt zusammengebacken, die langsam getrocknete der handwerklich produzierten leicht rauh – sie verbindet sich besser mit Saucen.
Daneben gibt es die *pasta all' uovo*, die Eiernudeln. Sie werden aus Weichweizen oder Hartweizen hergestellt. Hausfrauen und Köche sind stolz auf ihre hausgemachten Nudeln. Für die Bindung sorgen ganze Eier, manchmal auch nur Eigelb oder Eiweiß. Der Teig wird geknetet, bis er glänzt und elastisch ist, dünn ausgerollt und zugeschnitten, wie es das Rezept verlangt. Das einfachste Werkzeug dafür ist das Nudelholz, in seiner typisch italienischen Form eigentlich nur ein etwas dickerer Besenstiel. Zur Erleichterung des Nudelmachens gibt es Maschinen mit verstellbaren Walzen zum Kurbeln oder mit Elektromotor. Weitere Walzenpaare schneiden die Blätter in schmale oder breite Streifen. *Agnolotti, tortellini, panzerotti, mezzelune, ravioli* und *tortelloni* heißen die Täschchen und kunstvollen Gebilde mit leckeren Füllungen aus Käse, Gemüse, Fleisch oder Fisch. Läden, in denen diese Köstlichkeiten frisch hergestellt werden, gibt es inzwischen auch bei uns.
Jede Region hat ihre Pasta-Spezialität: in der Emilia-Romagna die Lasagne und Cannelloni, große Nudelflecken, die geschichtet bzw. gerollt und gefüllt im Ofen überbacken werden. In Genua bevorzugt man zum *pesto,* der duftenden Sauce aus Basilikum, Käse, Pinienkernen und Olivenöl die *trenette,* schmale Bandnudeln.
Die Römer dagegen lassen nichts über ihre breit geschnittenen *papardelle* kommen, die vorzugsweise mit *sugo di cinghiale* serviert werden, einem Ragout aus Wildschwein, oder auch mit einem Ragout aus Ente oder Hase. Spezialität Apuliens sind die *oricchiette,* die „Öhrchen" – besonders stolz sind die Hausfrauen auf ihre handgemachten. *Spaghetti, maccheroni* und deren andere röhrenförmige Verwandte sind in der Campagna oder vor allem in deren Hauptstadt Neapel zu Hause.
Reis, vor allem in der Zubereitung von Risotto, ist die klassische Alternative zur Pasta. Für Risotto eignen sich besonders italienische Reissorten mit rundem Korn, z. B. Arborio bzw. Avorio, Carnaroli und Vialone – letzterer wird besonders in seiner Spielart Vialone nano geschätzt. Nano heißt Zwerg und weist auf die besonders kleinen Körner dieser Sorte hin. Sie gibt beim Kochen Stärke ab, die das Gericht bindet und cremig macht, dabei behält das Korn seine Konsistenz und bleibt *al dente.* Risotto ist ein Thema mit tausend Variationen, z. B. durch Meeresfrüchte, Gemüse, Kräuter oder Pilze, die man mitgart. Zu Beginn wird immer Zwiebel oder Schalotte angeschwitzt, man gibt den Reis dazu und läßt ihn glasig werden, gießt ein Glas Wein darauf und läßt verdunsten, um schließlich mit einer leichten Brühe abzulöschen. Parmesan wird zuletzt dazugegeben – nur nicht, wenn Fisch oder Meeresfrüchte mit im Spiel sind. Je nach Koch oder Gusto ist der Risotto

etwas suppig, cremig oder eher konsistent. Als eiserne Regel aber gilt: Die Gäste müssen auf den Risotto warten, nicht umgekehrt!
Granturco, der Mais, ist vor allem im Norden des Landes, in der Emilia-Romagna und der Lombardei, ein Grundnahrungsmittel, meist geschrotet und gekocht als *polenta* serviert. Kalte Polenta wird in Stücke geschnitten und gebraten und hat auf diese Weise Eingang in die Restaurantküche gefunden.
Kartoffeln spielen in der italienischen Küche eher eine Nebenrolle. Man macht aus ihnen auch Nudeln – *gnocchi* werden aus gekochten Kartoffeln hergestellt, ähnlich wie unsere gekochten Klöße. Hat man eine Kartoffelsorte mit viel Stärke eingekauft, also eine mehlige, gelingt der Teig ohne Ei, nur mit Zugabe von etwas Mehl. Diese Nockerln werden mit verschiedenen Pasta-Saucen serviert, z. B. mit Rosmarin- oder Salbeibutter – und natürlich frisch geriebenem Parmesan.
Die Römer stellen ihre Gnocchi aus Weizen her: Der aus Grieß und Milch oder Wasser gekochte Brei wird fingerdick auf ein nasses Blech oder eine Steinplatte gestrichen, nach dem Erkalten zu Talern ausgestochen oder in Stücke geschnitten und vor dem Servieren mit reichlich Butter und Parmesan überbacken.
Salat wird, wenn nicht als Vorspeise, auf einem Extrateller zu Fleisch oder Fisch gereicht. Blätter der Saison wie der rote Radicchio (eine Zichorienart), der kräftige Römersalat, *latuga romana,* die Ölrauke, *rucola,* die bei uns als Modekraut eine steile Karriere gemacht hat, werden munter miteinander gemischt. Dazu gesellen sich Zwiebeln, geraspelte Möhren, Tomaten und Paprika. Klebrige Tunken sind in Italien unbekannt. Jeder macht sich seinen Salat nach Gusto an – dafür steht die Menage mit Essig und Öl, Salz und Pfeffer auf dem Tisch.
Schwer vorzustellen, daß in Italien einmal ohne Tomaten gekocht wurde. Aber es ist ja auch schon mehr als vierhundert Jahre her, daß das Nachtschattengewächs von den Spaniern aus Peru nach Europa gebracht wurde. In Italien gedieh es vortrefflich und wurde zum beliebtesten Gemüse. In vielen Familien werden die *pomodori* noch selbst eingemacht; wenn der eigene Garten üppige Ernte bringt, schmecken sie am besten, und auch auf dem Markt sind sie dann am preiswertesten. Für die Saucen-Küche im Winter werden sie als *passato di pomodoro* püriert und in Gläsern konserviert. Entkernt und an der Sonne getrocknet, konzentriert sich ihr Aroma und bringt eine neue Note in die Speisen. Nach dem Trocknen kann man sie auch mit ein paar Knoblauchzehen in Olivenöl einlegen – eine Delikatesse auf einem Vorspeisenteller.
Auf einem Antipasti-Büffet spielt Gemüse die Hauptrolle: etwa geröstete, enthäutete Paprikaschoten in Öl und Knoblauch; gebratene Auberginenscheiben; in Öl und Weißwein geschmorter Fenchel mit Koriander; gedünstete Artischockenherzen in Essig oder Öl; *caponata,* Würfel von Auberginen, Staudensellerie und Tomaten, in Olivenöl gebraten und mit Anchovisfilets gewürzt; mit Rosinen in Weißwein gedünstete Zwiebelchen;

Für die italienische Küche ist die Tomate eines der wichtigsten Gemüse.

eingelegte Champignons; gebratene Zucchinischeiben. Spezialität des Piemont ist die *bagna cauda*. Dieses „warme Bad" besteht aus zerlassener Butter und Olivenöl, gewürzt mit Knoblauch, Anchovis und eventuell Trüffel. Die Sauce wird auf einem kleinen Stövchen warmgehalten, man tunkt darin rohes Gemüse wie Staudensellerie, Möhren, Radieschen, Paprikastreifen und Fenchel, auch Pilze.

Einen hohen Stellenwert genießen in Italiens Küche die Pilze – allen voran *porcino,* der Steinpilz. In Öl und Butter gebraten oder gegrillt, mit Salz und Pfeffer und eventuell mit Knoblauch gewürzt, ergibt er ein eigenständiges Gericht; oder dünn gescheibelt als Salat mit Zitronensaft und Olivenöl beträufelt. Auch der Kaiserpilz, *ovolo realo,* wird so zubereitet – der *amanita caesarea* ist ein köstlicher und bekömmlicher Vertreter der Familie, zu der auch die giftigen Fliegen- und Knollenblätterpilze gehören.

Häufig werden Pilze als Zutat zu Risotto, in Saucen oder als Garnitur zu Pasta verwendet. Dafür nimmt man gern getrocknete Ware. Je nach Rezept müssen die Pilze zuvor eingeweicht werden. Durch das Trocknen konzentriert sich das Aroma, so daß für Saucen oder Risotto Trockenpilze nicht nur zweite Wahl sind.

Trüffel gehören botanisch zu den Pilzen, in der Küche zu den Gewürzen. In Umbrien gedeihen schwarze und weiße. Die schwarzen werden auch nach Frankreich exportiert und verwandeln sich dort in Perigord-Trüffel. Die berühmtesten weißen Trüffel kommen aus dem Piemont, besonders aus der Gegend um die Stadt Alba. Sie werden in den Monaten Oktober, November und Dezember geerntet und erzielen Höchstpreise. Diese in der Erde wachsenden Pilzknollen haben ein intensives Aroma, das etwas an Knoblauch erinnert – manche sagen auch: an einen brünftigen Eber. Für Trüffelrührei gibt man einen Pilz für ein oder zwei Tage in ein Einmachglas mit frischen Eiern – diese nehmen sein Aroma auf. Man schlägt die Eier mit einem Schuß Sahne auf, läßt sie in Butter bei sanfter Hitze stocken und hobelt nach dem Anrichten dünne Scheiben der Trüffel darüber (das geht auch mit schwarzen Trüffeln). Ansonsten genießen Trüffelfreunde die Kostbarkeit, indem sie sie über einen einfachen weißen Risotto, über Nudeln oder über Kartoffelpüree hobeln. Das Aroma, speziell der weißen Trüffel, braucht Fett als Träger. Also bei Trüffelspeisen nicht mit der Butter sparen. Für die Herstellung von Trüffelöl werden Trüffelschalen mit Öl aufgesetzt – das Öl nimmt das Aroma des Pilzes auf und ist ein intensives Würzmittel.

Das Meer, das das Land umgibt – Italien hat über achttausend Kilometer Küste –, prägt auch die Ernährung. Fisch und Meeresfrüchte gehören zu den Grundnahrungsmitteln. Leider sind sie heute zum Luxusgut geworden. Die Verschmutzung des Wassers und der Raubbau durch die Fischerei haben die Bestände dezimiert. Erst in den letzten Jahren hat sich die Fauna des Meeres mit dem erwachenden Bewußtsein für die Probleme der Umwelt wieder etwas erholt. Die Preise für Fisch bleiben dennoch hoch. Was kein Wunder ist, wenn man weiß, daß zum Beispiel auf dem Fischmarkt von Imperia jene

Händler am meisten bieten, die Doraden und Rotbarben aufkaufen, um sie per Luftfracht nach San Francisco zu spedieren – wo italienische Restaurants sich nicht mit frischem Fisch aus dem Pazifik begnügen, sondern sich mit *orate* und *triglie* aus der alten Heimat profilieren wollen. So wird heute Fisch nach Italien importiert, zum Beispiel aus Holland und Skandinavien. Ohne diese Zulieferungen ließe sich der Bedarf, vor allem in der touristischen Hochsaison, nicht decken.. Und Lachs aus Norwegen zur Pasta ist nicht mehr ungewöhnlich.

Fische sind heute zum Luxusgut geworden.

Die ursprüngliche volkstümliche Küche aber ist von den modernen Transportmöglichkeiten nur wenig beeinflußt. Schon wenige Kilometer landeinwärts bekommt man in einer typischen Trattoria keinen Fisch. Seine traditionelle Verbreitung reicht nur so weit, wie man ihn ohne Kühlung tranportieren kann. Eine Ausnahme machen *stocafisso* und *baccalà* – Stockfisch und Klippfisch. Diese Varianten von getrocknetem Kabeljau werden seit Jahrhunderten aus Skandinavien importiert und sind Bestandteil der Volksküche – Garibaldi nahm auf seine Seereisen immer einen Vorrat an Stockfisch mit. Beim Fisch zeigt sich, daß die Klasse der *cucina tipica* in der Einfachheit liegt, die nur durch gute Produkte möglich wird. Mehr noch als anderswo kommt es bei der Küche des Meeres auf die Frische an. *Calamari alle romana,* fritierte Tintenfische, sind eine Delikatesse – zart und voller Wohlgeschmack: frische Calamari putzen und in Ringe schneiden, in Mehl wenden, den Überschuß abschütteln und in 180 Grad heißem Öl kurz fritieren, bis sie eben goldbraun sind. Abtropfen lassen, auf Papier anrichten und leicht salzen. Mit einem Zitronenschnitz garnieren und einen Salat dazu reichen. Wenn's schnell gehen soll, können Sie auf tiefgekühlte Calamari oder Sepien zurückgreifen. Auf die gleiche Art werden kleine Fische gebacken, die man ganz verspeist. Dafür werden auch Süßwasserfische verwendet, das Gericht heißt dann *frittura del lago.* Zu einem *fritto misto* gehören auch Scampi oder Garnelen und Filetstücke von größeren Fischen. Das beste, das ich aß, bekam ich eines Mittags in einem Truckstop an der Landstraße nach Reggio di Calabria – das hätte auch ein gefeierter Dreisternekoch nicht köstlicher zubereiten können. Zum Fritieren muß es nicht Olivenöl sein, heute wird meist Sonnenblumen- oder Sojaöl verwendet. Es muß nur frisch sein. Wenn Fritiertes in Verruf geraten ist, dann zum Beispiel durch industriell vorgefertigte Teigringe mit Tintenfisch, die bei ungenügender Hitze gebacken wurden und sich dabei mit altem ranzigem Öl vollsogen. Ein erstklassiges *fritto misto* gehört zum ehrlichen, soliden Küchenhandwerk, das leider immer seltener wird. Vielleicht auch deshalb, weil man bei gewissen Medien viel eher mit einer fragwürdigen gewagten Kreation Vorschußlorbeeren ernten kann – die aber meist rasch verwelken.

Größere Fische werden in der Regel gegrillt oder im Ofen geschmort. In Fischrestaurants liegen sie oft auf Eis in einer Vitrine, damit der Gast sich anhand ihrer glänzenden Augen und hellroten Kiemen von ihrer Frische überzeugen und seine Wahl treffen kann.

Ein reichhaltiges Angebot für den klassischen Vorspeisenteller

Folgende Doppelseite: Antipasti-Büffets fehlen in keinem italienischen Restaurant.

Vom Thun- und Schwertfisch *(tonno* bzw. *pesce spada)* werden Steaks geschnitten und gegrillt – häufig einfach auf der blanken, sehr heißen Herdplatte. Auch Scampi, Gamberi, Langusten und Hummer werden auf diese Weise zubereitet.
Im Landesinneren ißt man Fleisch. Was in der *cucina povera* vor allem Geflügel und Kaninchen bedeutet. Wurde im Winter das Schwein geschlachtet, weil man es nicht mehr ernähren konnte, dann diente es vor allem der Vorratshaltung. Die Italiener erfanden die Salami und verstehen es meisterlich, aus einem Schinken das Beste zu machen. Speckseiten werden zu *pancetta* gerollt, gefüllte Schweinsfüße sind als *zampone* eine Delikatesse. Und mit der weltweit kopierten Mortadella besitzt Italien die größte Wurst der Welt. Der klassische italienische Vorspeisenteller – *antipasti all' italiana* – besteht aus Schinken, Wurst und *sottaceti,* in Essig eingelegtem Gemüse. Auch die Charcuterie kennt ihre regionalen Spezialitäten: im Veltlin die *bresaola,* eine Variante des Bündnerfleischs aus dem benachbarten Engadin, in Südtirol den Speck, von dem der auf die alte, bäuerliche Art langsam geräucherte der beste ist – und der rarste.
Auch die anderen berühmten Spezialitäten benötigen eine lange Reifezeit. So die Schinken aus Parma und San Daniele, die erst trocken gesalzen werden, um dann monatelang in kühler, trockener Luft zu reifen.
Was in Wien der Tafelspitz, ist in Mailand das *bollito misto* – gemischtes gesottenes Fleisch, ein Maßstab für die Qualität der Küche, ein Gericht, das sich wegen der Fülle der Zutaten und der Mindestgröße der Stücke nur für größere Gesellschaften eignet, oder Restaurants, wo es am Tisch portioniert wird. Dazu werden frisch gehobelter Meerrettich und *mostarda* gereicht, in dickem, mit Senfkörnern aromatisiertem Zuckersirup eingelegte Früchte, z. B. Pflaumen, Birnen, Kirschen oder Quitten.
Das Festgericht der Toskana sind die *arrosti misti* – Hühner und Kaninchen und Stücke von Kalb, Schwein und Rind, die mit Rosmarin und Knoblauch gewürzt vorzugsweise am offenen Feuer am Spieß gebraten werden. In vielen Privathäusern und Restaurants werden die großen offenen Kamine in den geräumigen alten Küchen dafür genutzt. Ein Festgericht ist die *bistecca fiorentina,* ein formidables Ochsenkotelett, das langsam am Feuer gegrillt wird. Echt ist es nur, wenn das Fleisch vom weißen, einheimischen Chianina-Rind stammt, das einen ganz speziellen, unverkennbaren Geschmack hat.
Im Friaul ist der *fogolar* der Mittelpunkt eines Hauses – des privaten wie des Gasthauses: eine runde Feuerstelle mitten im Raum, der Rauchfang mit einer rotkarierten Gardine gesäumt, die hilft, den Qualm in den Abzug zu leiten. In dieser Gegend merkt man den Einfluß der Küchen der Nachbarländer Österreich und Slowenien:
Das Schweinerne steht hoch im Kurs, am Fogolar brutzeln köstliche Würste, Koteletts und Schinkenstücke, aber auch Aale. Dazu reicht man vom großen Laib geschnittenes Bauernbrot oder Polenta. Zu dieser nicht ganz leichten Küche passen wunderbar die

Schnäpse, die in dieser Gegend und im benachbarten Veneto destilliert werden, die *grappe,* Tresterbrände von höchster Qualität und Sortenvielfalt, aber auch die Obstwässerchen und -geiste.
Zu den klassischen Fleischgerichten Italiens gehören die *involtini,* kleine Kalbsrouladen, die zum Beispiel mit Rohschinken und zartschmelzendem Fontinakäse gefüllt werden – auch aus Schweine- und Rindfleisch werden Rouladen mit verschiedenen Füllungen zubereitet.
Nicht zu vergessen die *scaloppine alla milanese,* Kalbsschnitzel Mailänder Art. Dem Paniermehl wird geriebener Parmesan zugefügt. Feldmarschall Radetzky nahm das Rezept mit in die Heimat, das Wiener Schnitzel war geboren. *Piccata milanese* sind panierte Schnitzelchen mit Spaghetti und Tomatensauce als Garnitur.
Beim *saltimbocca alla romana* (auf Speisekarten manchmal wortgetreu als „römisches Springindenmund" übersetzt) kommen Rohschinken und Salbei zum Kalbfleisch – der Bratfond wird mit Weißwein und etwas Kalbsjus abgelöscht und ergibt eine kurze, kräftige Sauce.
Alla marsala bedeutet, daß die Schnitzelchen in Mehl gewendet und in geklärter Butter (Butterschmalz) gebraten werden, den Bratenfond kocht man mit dem sizilianischen Dessertwein los und reduziert zu einem kurzen Sößchen – eventuell mit einem Löffel Jus.
Zu den Sonntagsgerichten gehört der *brasato* – beim Schmorbraten versteht es sich, wie bei uns, daß er vom Rind ist, *di manzo* oder, genauer und besser, *di bue,* vom Ochsen. *Al barolo* wird das Fleisch zuvor in dem berühmten piemontesischen Rotwein eingelegt, dann angebraten und mit Röstgemüse langsam gargeschmort. Wichtig ist, daß das Fleisch den Topf fast ganz ausfüllt, damit man nicht zuviel Flüssigkeit braucht und einen schönen, kräftigen Fond bekommt. *Brasato alla milanese* wird nicht eingelegt, sondern gespickt und nach dem Anbraten mit Rotwein und Brühe abgelöscht. Wichtig bei diesen Zubereitungen ist das langsame Schmoren bei mäßiger Hitze. Der Braten schmeckt noch besser, wenn er über Nacht in der Sauce geruht hat und dann langsam wieder aufgewärmt wird. Das Fleisch, das sich beim Garen zusammengezogen hat, entspannt sich, nimmt die Sauce mit ihren Aromaten auf und wird zarter und saftiger. Lamm kommt traditionell nicht vor dem Ostersonntag auf den Tisch – als Festbraten nach der Fastenzeit. *Abacchio* heißt Lamm in und um Rom, häufig ist damit Milchlamm gemeint. Anderswo sagt man *agnello.* Lamm auf römische Art ist Keule oder Schulter im Ofen mit Rosmarin gebraten. Seinen besonderen Geschmack bekommt es dadurch, daß das Fleisch vor dem Braten mit Sardellenpaste eingerieben wird (ein Brauch, der sich auf die Antike zurückverfolgen läßt – damals würzten die Römer ihre Speisen mit Garum, einer aus gesalzenem Fleisch bereiteten Sauce). Abgelöscht wird mit Weißwein, die Kartoffeln werden mit dem Fleisch gegart und sind besonders köstlich, weil sie sich dabei

mit dem Bratensaft vollsaugen. Auf die gleiche Art wird Zicklein zubereitet, *capretto* bzw. *capretta.*

Für Olivenölliebhaber ist die erste Pressung der Saison, das *olio nuovo*, das Beste.

Ohne Olivenöl gäbe es keine *cucina tipica*. Der Ölbaum ist für die italienische Lebensart ebenso wichtig wie der Rebstock – auch wenn beide nur noch selten im gemischten Anbau zusammenstehen, wie es früher die Regel war: eine Reihe Reben, eine Reihe Oliven. In jüngster Zeit aber besinnen sich vor allem ökologisch orientierte Bauern der Vorteile dieser „gemischten Landwirtschaft". Die Ölbäume schaffen ein günstiges Mikroklima für den Wein, und Schädlinge tun sich schwerer als in den gängigen Monokulturen.
Bis zum Gardasee reicht der Anbau der Olive nach Norden. Und ebenso wie beim Wein hat sich ein Kult entwickelt um ausgesuchte und besonders sorgfältig bereitete Öle, die, vor allem im Export, Phantasiepreise erzielen und bei uns für hundert Mark und mehr je Liter gehandelt werden. Der durchschnittliche Italiener kauft sein Öl im Supermarkt, in dem es eine breite Auswahl gibt. Die meistgefragte Qualität ist das *olio extra vergine di oliva,* zu deutsch natives Olivenöl extra, das laut EU-Vorschrift nur ohne Erhitzung auf rein mechanischem Wege, also durch Pressen, gewonnen werden darf und höchstens ein Prozent freie Ölsäure enthält. Exklusive Öle unterbieten diesen Wert, ihre Produzenten werben damit, daß ihre Produkte höchstens ein halbes oder gar ein viertel Prozent Ölsäure enthalten. Das erreichen sie durch besonders sorgfältige Lese und Verarbeitung der Früchte. Man läßt von Hand nur unversehrte Früchte pflücken, die unverzüglich verarbeitet werden. Hohe Säurewerte entstehen nämlich durch beschädigte Oliven und längeres Lagern vor der Verarbeitung – Gärungs- und Fäulnisprozesse kommen in Gang, die freie Ölsäuren entstehen lassen..
Besonders kostbar sind die Öle aus dem Herzen der Toskana. Im Chianti-Classico-Gebiet etwa läßt man die Oliven früh, in grünem Zustand, ernten und erhält so ein Öl mit besonders ausgeprägtem Fruchtgeschmack. Die Öle werden oft ohne Filtration abgefüllt und sind daher leicht trüb. Ihren besonderen Charme bewahren sie nur wenige Monate. Danach ist die spezielle Fruchtigkeit dahin, man hat nur noch ein normales, besonders gutes Öl. Da ist es verständlich, daß Oliven-Adepten dem ersten Öl der neuen Saison entgegenfiebern wie die Primeur-Fans dem neuen Beaujolais. Das *olio nuovo* kommt meist Ende November zum Verkauf.
Einen guten Ruf für ein günstiges Preis-Leistungsverhältnis haben sich die Ölbauern des Südens erworben. In Apulien und Kalabrien prägen die knorrigen alten Ölbäume ganze Landstriche. Viel Olivenöl indes, das in Italien unter bekannten Markennamen abgefüllt wird, stammt von jenseits des Mittelmeeres, aus Spanien, der Türkei oder Griechenland. Denn die Italiener sind nicht nur Ölbauern, sondern auch geschickte Händler. Im Hafen von Imperia etwa, dem Zentrum der ligurischen Ölindustrie, gibt es große Tanklager, die auf dem Seeweg abgefüllt werden. Übrigens importierten schon die

Römer Öl und Wein – wie die am Grund des Mittelmeeres gefundenen Amphoren beweisen.
Essig, *aceto,* ohne Zusatz bedeutet immer Rotweinessig. In den letzten Jahren ist der Balsamessig populär geworden, der mit dem echten *aceto balsamico tradizionale* aus Modena nur die Namensähnlichkeit gemein hat. Der echte *Tradizionale* wird aus eingekochtem weißem Traubenmost hergestellt, die Gärung und Reifung in einer *batteria* , einer Reihe von kleinen Fässern aus verschiedenen Hölzern wie Eiche, Kastanie, Esche, Robinie und Kirsche, dauert Jahre, wenn nicht Jahrzehnte, und ein Deziliterfläschchen dieses sirupartigen Elixiers kostet hundert Mark und mehr. Für den Salat zu kostbar und zu schade. Den Balsamico tradizionale genießt man pur tropfen- oder bestens löffelchenweise. Die kreativen Köche der Luxusrestaurants verwenden ihn manchmal in homöopathischen Dosen zum Abschmecken ihrer Saucen. Der gängige Balsamessig hingegen wird aus Weinessig, Mostkonzentrat und weiteren Zutaten wie Gewürzen oder Karamel hergestellt und darf für eine gewisse Zeit im Faß reifen. Ein ordentliches und brauchbares Produkt, aber vom Tradizionale im Wesen und im Preis so weit entfernt wie ein Zuchtchampignon von einer Alba-Trüffel.
In einem festlichen Menü darf der Käse nicht fehlen. Die Italiener sind stolz auf ihre heimischen Spezialitäten – vor allem auf den Parmesan, den harten und dabei milden und zartschmelzenden Käse, von denen der *Parmigiano reggiano* der berühmteste ist. *Grana padano* oder *Grana del Trentino* aus den Nachbarregionen stehen ihm nicht nach, sind aber in der Regel etwas preiswerter. Eine gute Käsehandlung – es gibt sie in jeder Stadt, die wohl berühmteste ist die von Peck in Mailand – führt Parmesan in mehreren Altersstufen, von jung und mild bis zum fünf Jahre gelagerten, sehr aromatischen, der aber keineswegs hart, sondern zart und bröckelig ist. Guten Parmesan bekommt man nur dort, wo viel davon gekauft wird. Denn einmal angeschnitten, trocknet der in 45-Kilo-Laiben hergestellte Hartkäse relativ rasch aus. Ein Kilostück gehört zu den begehrtesten Mitbringseln von einer Italienreise. In Folie eingeschweißt, übersteht es auch die sommerliche Heimreise im Auto. Probieren Sie ihn einmal bröckchenweise zu einem guten Glas Wein. Dann wird er bei Ihnen bestimmt nicht alt.
Einen Stammplatz auf dem Käsebrett oder -wagen hat auch der Gorgonzola., der berühmte Blauschimmelkäse. Ebenso wie der Grana wird er aus Kuhmilch hergestellt und in verschiedenen Stadien der Reife von mild bis pikant angeboten. Pecorino heißt Schafskäse, ihn gibt es in Varianten vom jungen, weißen Frischkäse bis zum harten, pikanten *stravecchio* (extra alt). Der Paglietta ist ein flacher Weichkäse von ca. 15 Zentimeter Durchmesser; er ist von weißem Edelpilz überzogen, der Teig in reifem Zustand cremig-weich. Den Namen hat er von *paglia,* dem Stroh, auf dem er reift. Der Fontina stammt aus dem Aostatal, von der Milch von Kühen, die auf den Almen weiden. Er ist ein Verwandter des Schweizer Appenzellers. Bel Paese heißt ein würziger

Die Italiener sind stolz auf ihre heimischen Käsespezialitäten.

Folgende Doppelseite:
Oliven, getrocknete Tomaten und eingelegte Gemüse werden in vielen Variationen angeboten.

COOPOLIVA
SPANISH GREEN OLIVES

Butterkäse aus der Lombardei. Der Robiola ist ein würziger Magerkäse aus den Alpentälern der Lombardei und des Piemont.
Der Käse wird oft gleichzeitig mit dem Obst serviert. Frische Früchte der Jahreszeit sind die klassische italienische Nachspeise. Leider gibt es immer weniger Restaurants, die einen Obstkorb und eine Schüssel mit Wasser zum Waschen der Früchte auf den Tisch stellen. Dabei schmecken saftig-süße Birnen wunderbar zu einem reifen, würzigen Gorgonzola, Weintrauben ausnehmend gut zu einem bröckeligen Parmesan. Und der möglichen Kombinationen gibt es noch viele.
Desserts heißen *dolci* – was Süßspeisen bedeutet. Die klassischen Rezepturen sind meist süßer, als es unserem heutigen Geschmack entspricht. Aber auch die *macedonia di frutta* fällt darunter, der frische Obstsalat, der im Idealfall à la minute frisch zubereitet wird, ganz ohne Zucker. Die Süße kommt allein vom Saft der Früchte, man muß die richtige Balance zwischen Süße und Säure finden, Früchte unterschiedlicher Konsistenz mischen, etwa halbierte Weintrauben mit Äpfeln, Bananen und Orangen, natürlich Beeren der Saison; die in Italien seit etlichen Jahren heimischen Kiwis setzen farblich und geschmacklich einen kräftigen Akzent. Die Macedonia ist ein weiteres Beispiel für die *cucina tipica*, bei der die Qualität von der Güte der Produkte und der Sorgfalt bei der Zubereitung abhängt. Man kann den Obstsalat nach Belieben bei Tisch mit Likör oder Dessertwein beträufeln. Aber Puristen schwören auf den puren Obstgeschmack.
Das in Deutschland berühmteste italienische Dessert ist *Tiramisu,* das jedem Schleckermäulchen schmeckt. Die Mischung aus Mascarpone, Espresso und Biskuit ist einfach köstlich. *Zabaione* oder *zabaglione,* die berühmte Weincreme, wird in der Regel mit Marsala zubereitet und in einem großen Weinglas warm serviert, manchmal auch mit einem anderen Wein als Begleiter zu Obstsalat etwa oder Birnen in Rotwein gereicht. Im Veneto, dem Land des Reises, bereitet man aus diesem Getreide auch einen Kuchen, der mit Früchten serviert wird.
Essen und Wein gehören in Italien seit biblischen Zeiten zusammen. Trauben wachsen fast überall im Lande zwischen Brenner und Sizilien. In den letzten zwanzig Jahren hat sich die Weinkultur stärker gewandelt als in etlichen Jahrhunderten davor. Der Weltmarkt setzte neue Maßstäbe, und die Winzer Italiens nahmen die Herausforderung an und schufen Weine, die zu den besten der Welt gehören. Wein und Weingenuß erlangen Kultstatus. Deutsche, Schweizer und Briten vor allem pilgern degustierend und selbstversorgend die Weinstraßen entlang, vorzugsweise die toskanischen. Mancher italienische Winzer genießt in New York, London oder München größeren Ruhm als in Rom oder Mailand, dank der italienischen Fachblätter, die sich darauf spezialisiert haben, das Wirken der Weinmacher in ihren Magazinen mit Lob und Tadel zu begleiten. Dennoch ist es erst ein vergleichsweise geringer Anteil des italienischen Weins, der von den Produzenten in Flaschen gefüllt und mit ihrem Namen auf dem Etikett verkauft wird.

PESTO

2 Bd. Basilikum
2 Knoblauchzehen
50 g Pinienkerne
50 g Parmesan
50 g Pecorino
4-5 EL Olivenöl
Salz

Basilikum waschen, trocknen und die Blätter abzupfen. Die Knoblauchzehen, die Pinienkerne und das Basilikum zusammen mit 4 Eßl. Olivenöl in einen Mixer geben und pürieren.. Parmesan und Pecorino fein reiben und mit etwas Salz in einer Schüssel mit der Basilikumpaste verrühren. Die Konsistenz soll cremig sein. Eventuell noch Olivenöl dazugeben.
Das Pesto hält sich mit Olivenöl bedeckt bis zu 4 Tagen im Kühlschrank.

SALSA VERDE

2 Bund Petersilie
1 Bund Basilikum
8 Scheiben altbackenes Toastbrot
4-6 EL Weißwein
200 g Frühlingszwiebeln
100 g Spinat
200 g abgezogene Mandeln
400 g abgetropfte Gewürzgurken
1/4 l Olivenöl
Salz, Pfeffer

Die Kräuter waschen und abtropfen lassen, die Blätter von den Stielen zupfen.
Das Brot mit dem Essig tränken.
Frühlingszwiebeln putzen und grob zerkleinern. Spinat gründlich waschen und verlesen. Gurken grob zerkleinern.
Alle Zutaten bis auf das Öl in einem Mixer pürieren. Nach und nach das Olivenöl zufügen.
Mit Salz und Pfeffer abschmecken.
Die Salsa verde hält sich bis zu fünf Tagen im Kühlschrank, wenn man eine Schicht Olivenöl drauf gibt.

TOMATENSAUCE

1 kg aromatische Tomaten
50 g Zwiebeln, feingehackt
4 EL Olivenöl
Salz

Die Tomaten kreuzweise einritzen, 1 Minute mit kochendem Wasser überbrühen, herausnehmen, in kaltem Wasser abschrecken und enthäuten.
Zwiebeln in Olivenöl anschwitzen.
Die Tomaten grob zerkleinern und nach Belieben dabei die Kernchen entfernen.
Zu den Zwiebeln geben. Zugedeckt 15-20 Minuten durchkochen. Für feinere Gerichte nochmals durch ein Sieb streichen.

★ ★ ★

Man kann diese Grundsauce auch sehr gut mit *pelati* zubereiten, geschälten Tomaten aus der Dose, oder mit Tomatenfleisch in Stücken aus der Fertigpackung.
Diese Produkte werden in den Anbaugebieten aus vollreifen Früchten hergestellt und sind oft aromatischer als die bei uns frisch angebotenen Früchte.

MARE E MONTI

CANELLINIBOHNEN MIT RIESENGARNELEN UND PILZEN

200 g getrocknete Canellinibohnen
Salz
6 Riesengarnelen
200 g gemischte Pilze, z. B. Austernsaitlinge, Pfifferlinge, Shiitake
1-2 Knoblauchzehen
6 EL Olivenöl
4 EL Petersilie, feingehackt
Pfeffer

Zubereitungszeit
1 Std. (ohne Einweichzeit)

Die Bohnen über Nacht in einem Liter Wasser einweichen. Am nächsten Tag zum Kochen bringen und bei schwacher Hitze ca. 45 Minuten garen. Gegen Ende der Garzeit 1/2 TL Salz dazugeben.
Die Garnelen auspulen und längs halbieren, falls vorhanden, den schwarzen Darmstrang entfernen. Nach Belieben die Schwanzflossen am Körper lassen, das sieht besonders dekorativ aus.
Die Pilze möglichst ohne sie zu waschen putzen (mit Pinsel und feuchtem Tuch), größere Exemplare kleinschneiden.
Knoblauch pellen und in Scheiben schneiden.
In einer größeren Pfanne das Öl erhitzen. Die Garnelen darin kurz anbraten, bis ihr Fleisch eben fest geworden ist, das dauert etwa 1/2 Minute. Herausnehmen und warmstellen.
Die Pilze in die Pfanne geben und bei starker Hitze 2-3 Minuten braten.
Knoblauch, Petersilie und die abgetropften Bohnen dazugeben und erhitzen.
Mit Salz und Pfeffer abschmecken. Die Riesengarnelen mit in die Pfanne geben und kurz durchschwenken. Auf Tellern anrichten und mit Petersilie bestreuen.

★★★
Die Riesengarnelen, italienisch *gamberi*, gehören zur Familie der Zehnfußkrebse. Sie kommen zum größten Teil tiefgekühlt aus fernöstlichen Zuchtbetrieben zu uns. Es gibt Süß- und Salzwasserarten.
Eine Größenbezeichnung, z. B. 10/12 oder 13/15, gibt an, wieviel Stück auf ein englisches Pfund (454 Gramm) kommen – je niedriger die Zahl, desto größer sind die Garnelen.
Bei uns werden sie häufig fälschlicherweise als Scampi bezeichnet.
Scampi, zu deutsch Kaisergranat oder Tiefseehummer, haben Scheren, Garnelen nicht.
Für warme Zubereitungen ist es wichtig, daß rohe, nicht gekochte Garnelen verwendet werden.

Dazu paßt ein charaktervoller Weißer – z. B. der seltene Erbaluce di Caluso aus dem Piemont.

BRUSCHETTA E FAGIOLI

RÖSTBROT MIT BOHNEN

600 g eingeweichte und gegarte Canellini-Bohnen (s. S. 26)
1-2 EL Trüffelöl
Salz und Pfeffer
8 Scheiben italienisches Bauern-Weißbrot
evtl. eine weiße und schwarze Trüffel

Zubereitungszeit
10 Minuten

Die Bohnen mit einem kleinen Teil Lake erhitzen, auf ein Sieb geben und gut abtropfen lassen. Mit Trüffelöl, Salz und Pfeffer abschmecken. Das Brot unterm Grill oder im Toaster rösten und die Bohnen darauf anrichten.
Bruschetta e Fagioli wird wie abgebildet mit gehobelten Trüffelscheiben zum Edelimbiß.

Die schwarze Trüffel ist der edelste Speisepilz.

★★★
Hier noch weitere Vorschläge für einen üppigen Bruschetta-Belag:
- Olivenöl, Knoblauch, Tomaten und Basilikum
- Radicchio, Gorgonzola und gebratene Pilze, am besten schmecken Steinpilze
- Tomate, Rucola und Pecorino
- Thunfisch, Tomate, Kapern, Peperoni, Oliven und Basilikum
- Hauchdünn geschnittener, gekochter Schinken, Pilze (Champignons oder Steinpilze) und Ricotta
- Knusprig gebratener Frühstücksspeck, Mascarpone und Frühlingszwiebeln

Am besten eignet sich sich dafür ein Tag altes Brot.

Zu diesem deftigen Gericht schmeckt ein kräftiger Rotwein aus der Toskana.

INSALATA DI MARE

MEERESFRÜCHTESALAT

Für die Gemüsebrühe:
1 Möhre,
1 Stengel Staudensellerie,
100 g Lauch, alles geputzt und kleingeschnitten;
5-6 Pfefferkörner,
1 Lorbeerblatt,
1 TL Salz,
100 ml Weißwein

Für den Salat:
1 kg Meeresfrüchte – z. B. Sepia (Tintenfisch), Polpo (Oktopus), Hummer, Languste, Gamberi, ausgelöste Muscheln, kleine Crevetten etc.
2 Fleischtomaten
Salz und Pfeffer
1 Stengel Lauchsellerie
6 EL Petersilie, feingehackt
1-2 Knoblauchzehen, feingehackt
4 EL Olivenöl
2-3 EL Zitronensaft
Kopfsalat oder Römersalat zum Anrichten

Zubereitungszeit
2 Std.

Die Zutaten für die Gemüsebrühe mit 1 l Wasser aufkochen und 20 Minuten ziehen lassen. Durch ein Sieb gießen.
In diesem Fond die Meeresfrüchte garen – die Zeiten variieren nach Art und Größe sehr stark: *Moscardini*, winzige Tintenfische, brauchen nur 1 Minute, ein Hummer oder eine Languste mittlerer Größe 10 Minuten, Gamberi 2-3 Minuten. Krustentiere gart man des Geschmacks wegen in der Schale. Muscheln werden im geschlossenen Topf gedämpft – den Fischsud auffangen, durch ein feines Sieb gießen und zum Fond geben. Um 300 g Muschelfleisch zu erhalten, benötigt man ca. 1 kg Muscheln.
Muschelfleisch und Krustentiere auslösen, größere Meeresfrüchte wie Sepien und Polpo etwa 20 bis 30 Minuten kochen und dann kleinschneiden.
Die Tomaten 1 Minute mit kochendem Wasser überbrühen, kalt abschrecken, häuten und entkernen. Das Fruchtfleisch in kleine Würfel schneiden, leicht salzen und pfeffern. Sellerie waschen und in sehr kleine Würfel schneiden.
Gemüse, Petersilie, und Knoblauch mit den Meeresfrüchten mischen. Mit Olivenöl, Zitronensaft, Salz, Pfeffer und etwas von dem Fischfond anmachen.
Bei Zimmertemperatur kurze Zeit ziehen lassen.
Auf Salatblättern anrichten, dazu Brot reichen.

★★★

Die Aromen diese Gerichts (ebenso wie anderer Zubereitungen von Meeresfrüchten) sind optimal, wenn sie frisch gekocht lauwarm angemacht und bald serviert werden. Nach einer Nacht im Kühlschrank ist es nur noch die Hälfte wert.

Der Fond ist konzentriert und hat ein vorzügliches Aroma, die beste Zutat für Suppen, Saucen und Risotti. Unbedingt portionsweise einfrieren.

Probieren Sie dazu einen Nuragus di Cagliari – das ist ein charaktervoller Weißer aus Sardinien.

CARPACCIO DI FILETTO DI BUE

MARINIERTES OCHSENFILET

400 g Ochsenfilet
Olivenöl, Zitronensaft
50 g Champignons
50 g Parmesankäse
Pfeffer aus der Mühle
Salz

Zubereitungszeit
20 Minuten

Das sauber parierte, d. h. von allen Häuten und Sehnen gesäuberte Filet etwa 1 Stunde einfrieren.
Vier Teller mit einer Mischung aus Olivenöl und etwas Zitronensaft einpinseln.
Das Filet mit der Aufschnittmaschine hauchdünn aufschneiden, die Scheiben kreisförmig überlappend auf den Tellern anrichten.
Mit dünngeschnittenen Champignons und grob geraspelten Parmesanscheiben garnieren. Mit Pfeffer aus der Mühle würzen und mit etwas Olivenöl beträufeln.
Bei Tisch salzen und mit etwas Zitronensaft beträufeln. Carpaccio wird immer erst kurz vor dem Servieren zubereitet, damit das Fleisch schön kühl ist und sich die Champignons nicht verfärben.

★★★

Wichtig für das Gelingen ist, daß das Fleisch den richtigen Grad der Frostung hat – es muß gerade eben gefroren sein. Auf minus 18 Grad durchgefroren, ist es hart wie Beton. Wenn keine Aufschnittmaschine zur Verfügung steht, schneidet man es so dünn wie möglich mit dem Messer und klopft es anschließend zwischen Lagen Klarsichtfolie vorsichtig noch dünner.

Als Variante serviert man das Carpaccio im l'Europeo mit einem Löffel Crème fraîche und Kaviar.

Das Gericht wurde in Harry's Bar in Venedig erfunden und gehört heute in vielen Variationen zu den Klassikern der italienischen Küche. Der Name bezieht sich auf das besondere Rot der Bilder des venezianischen Malers Vittore Carpaccio. Es wurde 1950, dem Jahr der großen Carpaccio-Ausstellung, erstmals für die Comtessa Amalia Nani Mocenigo serviert, ein Stammgast in Harry's Bar, da ihr Arzt den Genuß von gekochtem Fleisch verboten hatte.

Dazu paßt ein junger, gehaltvoller Roter, etwa ein Rosso Piceno.

INSALATA CON PUNTE DI FILETTO

SALAT MIT FILETSPITZEN

320 g Rinderfilet in kleine Stücke geschnitten
100 g Radicchio
100 g Friséesalat
100 g Römersalat
100 g Feldsalat
Parmesan, dünn gehobelt
4 EL Olivenöl
2 EL Rotweinessig
Salz
Pfeffer

Zubereitungszeit
15 Minuten

Alle Salate waschen und trockenschleudern. Aus Olivenöl, Essig, Salz und Pfeffer eine Marinade rühren. Die kleingeschnittenen Rinderfiletstücke in der Pfanne etwa 1 Minute kross braten, salzen und pfeffern. Den Salat auf Tellern anrichten, mit der Marinade beträufeln, die Filetspitzen zugeben und Parmesan dünn darüber hobeln.

Der Radicchio wird auch rote Endivie genannt.

★★★

Radicchio gehört zur Pflanzengruppe der Zichorien. Seinen herben Geschmack verdankt er einem vor allem in den Blattrippen enthaltenen Bitterstoff. Am bekanntesten sind bei uns kugelrunde, fest geschlossenen Köpfe, deren Blätter für Salat verwendet werden. Radicchio di Treviso erkennt man an seinen länglichen, leicht geöffneten Blättern und an der ausgeprägten weißen Mittelader. Sein Geschmack ist deutlich bitterer als der der runden Köpfe. Probieren Sie Radicchio auf italienische Art: Dazu feingeschnittenen Radicchio kurz in Olivenöl mit etwas Knoblauch anschmoren und unter Pasta mischen. Als Beilage zu Kurzgebratenem, sehr gut z.B. zu Lammkoteletts, überbacken Sie den angeschmorten Radicchio mit Mozzarella. Römersalat *Latuga romana* gehört wie der Kopfsalat zur Lattich-Familie.

Zu Salat paßt am besten ein Mineralwasser.

VITELLO TONNATO

KALBFLEISCH IN THUNFISCHSAUCE

Für zehn Personen
als Vorspeise

800 g Kalbfleisch
aus der Nuß
Salz und Pfeffer
4 EL Öl
Sauce:
4 Dosen Thunfisch
in Lake
250 g (12 EL) Mayonnaise
(s. S. 22)
2 EL Kapern
4 EL kalte Fleischbrühe
2 TL Sardellenpaste
Kapern für die Garnitur

Zubereitungszeit
1 Std. (ohne Kühlzeit)

Das Kalbfleisch mit Küchengarn rund verschnüren, salzen und pfeffern, in der heißen Pfanne in Öl rundum kräftig anbraten, im Backofen bei 200° C (Umluft 180° C) etwa 35 Minuten braten, dabei gelegentlich mit Wasser begießen, damit nichts anbrennt. Das Fleisch erkalten lassen, das Küchengarn entfernen.
Für die Sauce den abgetropften Thunfisch mit den übrigen Zutaten im Mixer pürieren. Eventuell etwas Thunfischlake dazugeben, um die richtige Konsistenz herzustellen.
Zum Fertigstellen das Fleisch in dünne Scheiben schneiden (am besten mit der Aufschnittmaschine), auf Tellern anrichten und mit der Sauce überziehen. Mit einigen Kapern garnieren.

★★★
Als Alternative gibt es zum kalten Kalbsbraten die Salsa verde (Rezept siehe S. 23)

Wünscht man einen kräftigeren Thunfischgeschmack, legt man das aufgeschnittene Fleisch auf eine Platte, überzieht es mit der Sauce und läßt es einige Stunden im Kühlschrank ziehen. Vitello tonnato ist ideal für ein italienisches Büffet.

Dazu gehört ein Weißwein mit kräftiger Säure, z. B. Gavi, ein aus der Cortese-Traube gewonnener Piemontese.

MELANZANE ALLA PARMIGIANA

AUBERGINEN-GRATIN

750 g Auberginen (drei mittelgroße Früchte)
Salz
10-12 EL Olivenöl
1 l Tomatensauce (s. S. 23)
250 g Mozzarella
100 g Parmesan, gerieben
1 Bund Basilikum

Zubereitungszeit
1 1/2 Std.

Die Auberginen waschen, entstielen und längs in 1/2 cm dicke Scheiben schneiden. Beidseitig salzen und auf der Abtropffläche der Spüle 30 Minuten lang „weinen“ lassen, um das Wasser aus dem Fruchtfleisch zu ziehen.
Die Auberginen gut mit Küchenpapier trockentupfen und dabei das Salz entfernen. In einer großen Pfanne portionsweise Olivenöl erhitzen und die Auberginen darin bei starker Hitze von beiden Seiten goldbraun braten.
Eine Schicht Tomatensauce (siehe Grundsauce S. 23) in eine Auflaufform geben, darauf eine Lage Auberginen, mit etwas grob gewürfeltem Mozzarella und Parmesan bestreuen.
Darauf einige Basilikumblätter geben, darauf wieder Tomatensauce usw., bis die Zutaten verbraucht sind.
Zuoberst kommen Tomatensauce und Käse.

Bei 200° C (Umluft 180° C) im Backofen ca. 20 Minuten überbacken – bis der Käse blubbert.

★★★
Dieses Gericht kann man auch als Beilage zu kurzgebratenem Fleisch nehmen. Es schmeckt sowohl warm als auch kalt.

Dazu paßt ein schlichter, kräftiger Roter wie ein Montepulciano d'Abruzzo.

CALAMARI E FAGIOLI

TINTENFISCHE MIT BOHNEN

600 g Calamari, geputzt
6 EL Olivenöl
1-2 Knoblauchzehen, gepellt und feingehackt
2 Peperoncini (kleine getrocknete Chilischoten)
1 kleine Dose geschälte Tomaten mit ihrem Saft
600 g Canellini-Bohnen mit ihrem Wasser (eingeweicht, gegart, s. S. 26, oder aus der Dose)
Salz und Pfeffer
6 EL Petersilie, feingehackt

Zubereitungszeit
45 Minuten

Die Calamari kleinschneiden, dabei den zwischen Körpersack und Fangarmen sitzenden Kopf und das eventuell in der Körperhöhle sitzende durchsichtige Rückgrat entfernen, die Körper in Ringe schneiden.
Die Stücke trockentupfen und in sehr heißem Olivenöl bei kräftiger Hitze kurz anbraten. Am besten arbeitet man mit zwei Pfannen, weil sonst die Temperatur zu stark abfällt und das Braten ins Schmoren übergeht. Calamari herausnehmen und warmstellen.
Knoblauch und Peperoncini in die Pfanne geben und anschwitzen. Tomaten zufügen und solange kochen, bis die Flüssigkeit zu cremiger Konsistenz eingedickt ist.
Bohnen zufügen und im Sud erhitzen.
Mit Salz und Pfeffer würzen. Calamari und Petersilie zugeben, kurz durchschwenken und servieren.

★★★
Die Calamari (Kalmare) sind Tintenfische mit einem langgestreckten schlanken Körper und mit am Kopf zehn dünnen Armen. Man kann sie auch mit einer Farce füllen. Sollten Sie keine frischen Calamari bekommen können, verwenden Sie die tiefgekühlten.

Corvo bianco – einer der populärsten Weißen Siziliens

Chilis sind Gewürzpfefferschoten; je kleiner sie sind, desto schärfer würzen sie.

FUNGHI TRIFOLATI

FEINGESCHNITTENE GEBRATENE PILZE

1 kg Pilze: Steinpilze, Austernsaitlinge, Egerlinge, Pfifferlinge, Shiitake, gemischt oder solo, je nach Marktangebot
Olivenöl
50 g Schalotten, feingehackt
Salz und Pfeffer
4 EL Petersilie, feingehackt

Zubereitungszeit
45 Minuten

Die Pilze möglichst ohne sie zu waschen säubern (mit Pinsel und feuchtem Tuch), die größeren in Streifen schneiden. Portionsweise bei starker Hitze in wenig, aber sehr heißem Öl braten. Die Pilze sollen in der Pfanne „springen" und keinen Saft ziehen. Notfalls etwas Öl nachgießen, wenn die Pfanne zu trocken wird. Schalotten zugeben und kurz mitbraten. Mit Salz und Pfeffer abschmecken und die Petersilie darüberstreuen. Auf gewärmten Tellern anrichten und sofort servieren.

★★★

Die Pilze werden zur Hauptmahlzeit, wenn Sie sie mit Risotto oder Pasta zusammen servieren. Sie schmecken ebenso gut zu einem Steak wie zu gebratener Kalbsleber. Auf einer in Knoblauch-Öl gebratenen Scheibe Weißbrot (z.B. Ciabatta) werden sie schnell zusammen mit einem frischen Blattsalat zu einer köstlichen Zwischenmahlzeit.

Probieren Sie dazu einmal einen Valpolicella der besseren Art – zwischen dem gleichnamigen Allerweltswein und dem Toar von einem Spitzenproduzenten wie Masi z. B. liegen Welten.

INSALATA DI RUCOLA CON PECORINO

RAUKESALAT MIT SCHAFSKÄSE

400 g Rauke (Rucola)
250 g Tomaten
Salz
Olivenöl
Rotweinessig
Pfeffer
100 g junger sardinischer Schafskäse – Pecorino dolce

Zubereitungszeit
15 Minuten

Von der Rauke die Stiele abschneiden. Die Blätter waschen und gut abtropfen lassen oder trockenschleudern.
Tomaten in dünne Scheiben schneiden, salzen und auf Teller verteilen.
Mit Olivenöl und wenig Rotweinessig beträufeln, da die Tomaten schon eigene Säure haben.
Aus 2 EL Olivenöl und 2-3 TL Essig, Salz und Pfeffer eine Vinaigrette rühren, die Rauke damit kurz marinieren und über die Tomaten verteilen.
Den Schafskäse grob über die Rauke raspeln.

Beim Olivenöl gilt das Olio extra vergine als feinstes Speiseöl.

★★★
Rauke war bei uns ziemlich in Vergessenheit geraten, bis sie aus Italien als Rucola zurückkehrte und Karriere machte.
Die Italiener sagen, sie sorge für lebhafte Träume.

Variationen:
– Pfifferlinge mit gewürfelten Schalotten in wenig Olivenöl kurz braten und lauwarm unter den Salat mischen.
– Streifen von gebratener Kalbsleber unter den Salat mischen, die Sie bereits beim Braten mit einigen Tropfen Balsamessig würzen können. Dann aber nur wenig Schafskäse über den Salat reiben.

Zum Salat will – wegen der Säure des Essigs – kein Wein so richtig schmecken. Trinken Sie dazu Mineralwasser.

CAPESANTE ALLA PADELLA

JAKOBSMUSCHELN AUS DER PFANNE

800 g Jakobsmuscheln, ausgelöst
2-3 Knoblauchzehen
2 Peperoncini (kleine getrocknete Chilischoten)
Olivenöl
4 EL Petersilie, gehackt
Salz
Zitrone

Zubereitungszeit
10 Minuten

Die Muscheln waschen und trockentupfen. Vorhandenen orangeroten Rogen („corail") belassen - er ist eine besondere Delikatesse. Knoblauch pellen und in Scheiben schneiden - oder die Zehen ungepellt mit dem Messer flachquetschen.
Peperoncini zerbröseln.
Eine Pfanne stark erhitzen, 2 bis 3 Millimeter hoch Olivenöl hineingeben und die Muscheln braten, bis das Fleisch eben fest geworden ist – je nach Größe der Muscheln 1 bis 2 Minuten je Seite.
Dabei die Pfanne kräftig bewegen, damit die Muscheln springen (saltare).
Gegen Ende der Garzeit den Knoblauch, Peperoncini und Petersilie zugeben.
Zuletzt mit etwas Salz würzen.
Die Muscheln auf gewärmten Tellern anrichten, mit einem Zitronenschnitz garnieren.

★★★
Wichtig für das Gelingen ist, daß die Muscheln in einer großen, sehr heißen Pfanne gebraten - sautiert - werden. D.h., sie müssen Bewegungsraum in der Pfanne haben, die nicht zu voll sein darf.
Sonst fällt die Temperatur ab, die Muscheln werden geschmort, ziehen Saft und werden dabei zäh.
Auf dem Haushaltsherd empfiehlt es sich, diese Menge in zwei bis drei Pfannen oder in mehreren Etappen zu machen.

Für die Zubereitung der Jakobsmuscheln mit ihrem zarten Aroma empfiehlt sich ein Olivenöl mit weniger ausgeprägtem Fruchtgeschmack, also eher ein mildes goldenes als ein säurebetontes grünes Öl – oder auch halb Oliven-, halb Sonnenblumenöl.

Dazu paßt ein kräftiger, gehaltvoller Weißwein – ein Sauvignon aus dem Friaul etwa oder auch ein Chardonnay aus dem Barrique.

CARCIOFI CON VONGOLE

ARTISCHOCKEN MIT VENUSMUSCHELN

4 große Artischocken
Zitronensaft, Salz
40 große Venusmuscheln („vongole verace“)
1-2 Knoblauchzehen
1 Peperoncini (kleine getrocknete Chilischoten)
Olivenöl
150 ml Weißwein
Petersilie, feingehackt

Zubereitungszeit
1 Std.

Von den Artischocken die Stiele abdrehen und dabei die zähen Fasern aus dem Boden herausziehen. Die Böden geradeschneiden, die Schnittstellen mit Zitronensaft einreiben. Die Artischocken in Salzwasser mit einem Schuß Zitronensaft kochen. Sie sind gar, wenn sich ein Blatt mit nur leichtem Widerstand herauszupfen läßt., d. h. nach 15 bis 20 Minuten. Aus dem Wasser nehmen, abtropfen und abkühlen lassen. Die Blätter der Artischocken abzupfen. Das „Heu“, die feinen Fasern, die auf dem Blütenboden stehen, entfernen und wegwerfen. Die Artischockenböden beiseite legen.
Die Muscheln in reichlich Wasser spülen und auf einem Durchschlag abtropfen lassen. Exemplare, die sich bei leichtem Anklopfen nicht schließen, aussortieren. Den Knoblauch pellen und in Scheiben schneiden. In einem großen Topf mit dem zerstoßenen Peperoncino in 4 EL Olivenöl anschwitzen.
Die Muscheln dazugeben, den Wein darübergießen und zugedeckt bei starker Hitze dämpfen, bis sich die Muscheln geöffnet haben, dabei den Topf gelegentlich rütteln. Die Artischockenböden dazugeben und erhitzen.
Die Artischockenböden auf gewärmten Tellern anrichten, mit den Blättern und den Muscheln umgeben (nicht geöffnete Muscheln aussortieren, sie sind nicht genießbar). Den Fond aus dem Topf über die Artischocken schöpfen.
Mit Petersilie bestreuen.
Dazu reicht man Brot.

★★★

Wenn man die Artischocken vorbereitet hat, ist dieses Gericht rasch fertiggestellt und serviert.

Verace – „wahre“ heißen die großen Venusmuscheln mit einem Durchmesser von drei bis fünf Zentimeter.
Ist nur von *vongole* die Rede, sind die daumennagelgroßen gemeint.
Fragen Sie beim Fischhändler danach – eventuell müssen Sie die Muscheln vorbestellen.

Als Wein paßt dazu ein leichter, aber würziger Weißer, z. B. Bianco d'Ischia

SCAMPI ALL' AGLIO

KAISERGRANAT MIT KNOBLAUCH

12 Scampi (Kaisergranat, Langostinen)
1 rote Paprikaschote
4 Knoblauchzehen
2 Peperoncini
6 EL Olivenöl
Salz und Pfeffer
4 EL Petersilie, feingehackt

Zubereitungszeit
20 Minuten

Die Scampi auspulen, dabei die Schwanzflosse dranlassen und die Schwänze längs so halbieren, daß sie an der Schwanzflosse noch zusammenhängen und schmetterlingsartig auseinanderklappen.
Die Paprikaschote waschen, halbieren, entkernen und in feine Streifen schneiden. Knoblauch pellen und in Scheiben schneiden.
In einer großen Pfanne 3 EL Olivenöl erhitzen. Die Scampi bei starker Hitze von beiden Seiten kurz braten – insgesamt 1 bis 1 1/2 Minuten, dann Paprika zugeben und in derselben Pfanne im restlichen Öl bei starker Hitze 2 Minuten mitbraten. Zum Schluß feingeschnittene Knoblauch-Scheiben und Peperoncini zugeben und in der Pfanne kurz durchschütteln.
Die Scampi mit der Petersilie anrichten. Dazu Ciabatta-Brot reichen.

★★★
Das Gericht läßt sich auch mit Garnelen zubereiten.

Ein Verdicchio – der berühmte Weiße aus den Marken.

COZZE IN UMIDO

GEDÄMPFTE MIESMUSCHELN

2 kg kleine Miesmuscheln
2-3 Knoblauchzehen, gepellt und feingehackt
1-2 Peperoncini (kleine getrocknete Chilischoten)
6 EL Olivenöl
150 ml Weißwein
6 EL Petersilie, feingehackt

Zubereitungszeit
20 Minuten

Die Muscheln unter fließendem Wasser gründlich abbürsten und auf einem Durchschlag abtropfen lassen. Beschädigte Muscheln und solche, die sich auf leichtes Anklopfen nicht schließen, aussortieren.
In einem großen Topf Knoblauch und Peperoncini im Öl anschwitzen. Muscheln, Wein und Petersilie hineingeben und zugedeckt dämpfen, dabei den Topf gelegentlich rütteln – nach dem Öffnen der Muscheln noch 2 bis 3 Minuten weiterdämpfen. In tiefen Tellern anrichten und den Fond darüberschöpfen.
Geschlossene Muscheln nicht gewaltsam öffnen, sie sind nicht zum Verzehr geeignet.
Die Muschel bringt ihr eigenes Besteck mit – man benutzt eine leere Schale als Zange, um das Fleisch aus den übrigen Schalen zu zupfen.

Strato Cotugno
bevorzugt für dieses Gericht
Bouchotmuscheln –
kleine Miesmuscheln aus
französischer Zucht,
die an ins Wasser gehängten
Zweigen kultiviert werden.

★★★
Das Gericht benötigt kein Salz, da das Meerwasser in den Muscheln genügend Salz enthält.

Falerio – eine wenig bekannte weiße Spezialität aus den Marken

ACQUADELLE FRITTE

KLEINE FRITIERTE FISCHE

320 g Acquadelle, beim Fischhändler bestellen
Mehl zum Wenden
Salz + Pfeffer
1 l Sonnenblumenöl zum Fritieren
2 Zitronen

Zubereitungszeit
20 Minuten

Die Acquadelle waschen und trocknen, in Mehl wenden und abschütteln.
Das Öl in einem hohen Topf stark erhitzen, die Acquadelle portionsweise hineingeben und etwa 2 Minuten fritieren, bis sie kross sind.
Aus dem Öl nehmen, auf Küchenkrepp abtropfen lassen, auf Tellern anrichten, salzen und mit einer halben Zitrone zum Darüberträufeln servieren.
Die Fische werden im Ganzen gegessen.

Die Zitrone wirkt appetitanregend und paßt mit ihrer frischen Säure besonders gut zu Fisch.

★★★
Diese kleinen fritierten Acquadelle können auch einfach nur zum Wein oder als Appetitanreger serviert werden.

Wein
je nach Gusto

SPAGHETTI PICCHIO-PACCHIO

SPAGHETTI MIT SAUCE VON ROHEN TOMATEN

für 4 Personen
als Hauptgericht
500 g Spaghetti
als Vorspeise pro Person
80 g Spaghetti

Sauce:
1 kg kleine Tomaten
2-3 Knoblauchzehen
Salz und Pfeffer
5 EL Olivenöl
Basilikum zum Garnieren

Zubereitungszeit
30 Minuten
plus Ruhezeit

Die Tomaten kleinschneiden,
Knoblauch pellen, in Scheiben schneiden und dazugeben.
Frisches Basilikum klein zupfen und unterheben. Salzen und pfeffern, das Olivenöl unterrühren.
Bei Zimmertemperatur 2 bis 3 Stunden ziehen lassen.
Die Spaghetti al dente kochen, abgießen und im Topf mit den Tomaten mischen – so verbinden sie sich am besten mit der Pasta.
Auf Tellern anrichten und mit Basilikumblättern garnieren.

Das verdauungsfördernde Würzkraut Basilikum geht eine ideale Verbindung mit Tomaten ein.

★★★

Nudeln mit der klassischen *salsa cruda* sind ein ideales Hauptgericht für ein leichtes Mittagessen unterm Sonnenschirm.

Die Köstlichkeit dieses sehr einfachen Gerichts hängt von der Qualität der Tomaten ab – eine Speise für den Sommer, wenn die Tomaten reif und voller Geschmack sind.

Mineralwasser – oder einen „Gespritzten" – auch Weinschorle genannt

RISOTTO PRIMAVERA

RISOTTO MIT FRÜHLINGSGEMÜSE

80 g Butter
2 Schalotten, fein gehackt
300 g italienischer Rundkornreis (z. B. Avorio oder Vialone)
1 Schuß Weißwein
gut 600 ml Gemüsebrühe
500 g frisches, junges Gemüse (z. B. grüner Spargel, Zucchini, Keniabohnen, Pilze – nach Belieben solo oder gemischt)
Salz und Pfeffer
50 g Parmesan, gerieben

Zubereitungszeit
35 Minuten

In einem Topf 40 g Butter erhitzen. Schalotten darin kurz andünsten.
Den Reis einstreuen und unter Rühren bei mäßiger Hitze solange anrösten, bis er glasig ist. Mit einem kräftigen Schuß Weißwein ablöschen. Die Hälfte der Brühe angießen, umrühren und den Reis im offenen Topf ca. 10 Minuten garen. Restliche Brühe nach und nach angießen und weitere 10 Minuten bei kleiner Hitze ausquellen lassen. Das Reiskorn soll al dente sein, das Gericht aber von einer leicht sämigen Konsistenz, *cremoso*.
Eventuell noch etwas Brühe zufügen.
Während der Reis gart, Gemüse putzen und in mundgerechte Stücke schneiden.
Zucchini z. B. ungeschält in Stäbchen, grünen Spargel nicht schälen, sondern nur das untere, helle Ende abschneiden.
Restliche Butter erhitzen und das Gemüse darin al dente dünsten.
Mit etwas Salz und Pfeffer würzen.
Gemüse und Parmesan unter den Reis mischen, noch 10 Minuten ziehen lassen, eventuell nochmals abschmecken und sofort servieren.

★★★

Risotto sollte immer mit einem Rundkornreis, am besten Avorio oder Vialone bereitet werden, damit sich die Zutaten gut miteinander verbinden.

Ein frischer Weißer, wie z. B. einen Lugana vom Gardasee. Er wächst in unmittelbarer Nachbarschaft zu den Reisfeldern in der Poebene.

CAPELLINI ALLA CAROLINA

DÜNNE SPAGHETTI MIT KNOBLAUCH UND TOMATEN

4 Knoblauchzehen
6 EL Olivenöl
1-2 Peperoncini (kleine, getrocknete Chilischoten)
6 EL Tomatensauce (s. S. 23)
4 EL Petersilie, feingehackt
Salz
320 g Capellini – dünne Fadennudeln, dicker als Capelli d'Angelo (Engelshaar), dünner als Spaghetti

Zubereitungszeit 15 Minuten

Knoblauch pellen und in dünne Scheiben schneiden. In einer großen Pfanne das Olivenöl erhitzen. Knoblauch darin leicht braten, die Peperoncini dazubröseln (oder ganz lassen, wenn man weniger Schärfe möchte). Die Tomatensauce dazugeben und kurz durchkochen.
Schließlich die Petersilie unterrühren.
Mit Salz abschmecken.
Die Capellini 2 bis 3 Minuten in reichlich Salzwasser kochen – sie sollen sehr al dente sein, weil sie in der Sauce noch nachquellen. Capellini abgießen und gut abtropfen lassen.
In der Pfanne mit der Öl-Tomaten-Sauce durchschwenken und in gewärmten tiefen Tellern anrichten.

Der Knoblauch ist eines der gesündesten Gewürze und wird wegen seiner Heilkraft in vielen Ländern geschätzt.

★★★
Diese Pasta kann auch mit Pesto (s. S. 23) angerichtet werden.

Al dente bedeutet, daß man Nudeln so gart, daß sie den Zähnen noch einen gewissen Widerstand bieten, aber sie sollen nicht hart sein.

Ein schlichter Roter, z. B. ein Rosso Conero aus den Marken – auch ein Rosé paßt dazu.

FARFALLE AL SALMONE

SCHMETTERLINGSNUDELN MIT LACHS

350 g Farfalle
(Schmetterlingsnudeln)
Salz
3/8 l Schlagsahne
1-2 EL passierte Tomaten
(aus der Packung)
200 g Räucherlachs
Pfeffer aus der Mühle

Zubereitungszeit
25 Minuten

Die Farfalle in reichlich Salzwasser al dente kochen. Sahne und Tomatenpürree in einem weiten Topf 5 bis 10 Minuten einkochen lassen. Von der Kochstelle nehmen und den in Streifen geschnittenen Räucherlachs hineingeben, vorsichtig bei kleiner Hitze durchschwenken, mit Pfeffer abschmecken.
Die Farfalle abgießen, gut abtropfen lassen, zu der Sauce geben und etwa 1 Minute zusammen kochen lassen.
In gewärmten, tiefen Tellern anrichten.

★★★
Achten Sie beim Räucherlachskauf darauf, daß die Scheiben von gleichmäßiger Farbe ohne dunkle Flecken sind. Sie sollten angenehm rauchig und nicht so fischig schmecken.

Ein gehaltvoller Weißer, z. B. ein im Barrique ausgebauter Chardonnay.

Passierte Tomaten sind reife Früchte ohne Kerne und Schale, die mit Salz eingedickt werden.

TRONCHETTO

NUDELROLLE MIT SCHINKENFÜLLUNG

Hauptgericht für 4,
Vorspeise für 6-8 Personen

1 Rezept Nudelteig
(s. S. 72)

Für die Farce:
250 g Blattspinat
250 g frischer weißer
Ricotta (Frischkäse)
50 g Parmesan, gerieben
Pfeffer
250 g dünn geschnittener,
gekochter Schinken
100 g Parmesan, gerieben
300 ml Schlagsahne

Zubereitungszeit
1 1/2 Std.

Den Teig zwei Millimeter dick ausrollen, in 20 x 30 cm große Rechtecke schneiden. In reichlich Salzwasser mit einem Eßlöffel Öl etwa 2 Minuten garen, in kaltem Wasser abschrecken, abtropfen lassen und auf einem feuchten Küchentuch ausbreiten. Für die Farce den Spinat waschen, entstielen und tropfnaß in einen heißen Topf geben. Zugedeckt dämpfen, bis er zusammengefallen ist. Gut abtropfen lassen, mit Küchenpapier trocken tupfen und grob hacken. Mit Ricotta und Parmesan zu einer gleichmäßigen Masse verarbeiten und abschmecken.
Den Schinken auf den Teigblättern ausbreiten, dann diese Farce darauf streichen – das geht am besten mit der nassen Hand oder einem nassen Palettenmesser. Dabei an beiden Schmalseiten jeweils einen 2 cm breiten Rand freilassen. Von der Längsseite her dicht aufrollen, in Frischhaltefolie wickeln und auskühlen lassen.
Zum Fertigstellen in 3-4 cm dicke Scheiben schneiden, auf ofenfesten Tellern überlappend anrichten, mit Parmesan bestreuen und großzügig mit Sahne begießen. Bei 225° C (Umluft 200° C) ca. 10 Minuten gratinieren.

Hierzu darf es auch einmal ein Pinot grigio sein. Er sollte wenigstens 12 oder 12 1/2 Grad Alkohol haben und aus dem Keller eines erstklassigen Erzeugers kommen.

TAGLIOLINI AI PORCINI

SCHMALE BANDNUDELN MIT STEINPILZEN

400 g Steinpilze
320 g Tagliolini
Salz
1-2 Knoblauchzehen, gepellt
6 EL Olivenöl
4 EL Petersilie, feingehackt

Zubereitungszeit 25 Minuten.

Steinpilze möglichst nicht waschen, sondern mit einem Pinsel und einem feuchten Tuch säubern und in Scheiben schneiden.
Die Nudeln in Salzwasser al dente kochen.
Die Pilze mit dem in Scheiben geschnittenen Knoblauch im heißen Olivenöl kurz braten.
Salzen und mit Petersilie bestreuen.
Die Nudeln abgießen, in der Pfanne mit den Steinpilzen schwenken. Falls das Gericht zu trocken ist, etwas Nudelwasser dazu geben und auf tiefen Tellern anrichten.

★★★
Steinpilze gehören zu den schmackhaftesten Vertretern ihrer Art. Diese begehrten Pilze haben einen braunen Hut mit weißen bis olivgrünen Lamellen und einen tonnenförmigen Stiel.
Die beste Zeit für frische Steinpilze ist zwischen Juli und Oktober.

Ein charaktervoller, nicht zu schwerer Roter – etwa ein Marzemino aus dem Trentino, der Wein aus Mozarts „Don Giovanni".

Steinpilze sind frisch serviert eine Köstlichkeit und getrocknet eine gute Würze.

PASTA E FAGIOLI

NUDELN MIT WEIẞEN BOHNEN

300 g Canellini-Bohnen
Salz und Pfeffer
300 g kurze, gedrehte Pasta, z .B. kurze Röhrennudeln wie dittali (Fingerhüte)
250 g Kirschtomaten
100 g Pancetta oder durchwachsener Räucherspeck
6 EL Olivenöl
1-2 Knoblauchzehen, gepellt

Zubereitungszeit
1 Stunde plus Einweichzeit

Die Bohnen in 1 l Wasser über Nacht einweichen. Am nächsten Tag langsam zum Kochen bringen und bei mäßiger Hitze leicht köchelnd ca. 45 Minuten garen.
Gegen Ende der Garzeit 1/2 TL Salz zugeben. Einige Eßlöffel Bohnen herausnehmen und in gut 1/8 l Bohnenkochwasser pürieren.
Mit Salz und Pfeffer würzen.
Tomaten 1 Minute mit kochendem Wasser überbrühen, kalt abschrecken und häuten. Die Tomaten vierteln und die Kerne entfernen.
Pancetta oder Speck in feine Würfel schneiden. In einer Kasserolle in heißem Olivenöl knusprig braten. Tomaten, Knoblauch und Bohnen mit dem Kochwasser, aufgefüllt auf etwa 1 Liter, und den pürierten Bohnen zufügen und kochen lassen. Nudeln dazu geben und etwa 10 Minuten alles zusammen garen. Eventuell noch nach und nach Kochwasser einrühren, damit die Masse cremig bleibt. Nochmals abschmecken und servieren.

★★★
Die weiße Canellino-Bohne stammt ursprünglich aus Mittelitalien, ist aber mittlerweile in ganz Europa verbreitet. Sie hat einen mehligen weichkochenden Kern.

Dazu paßt z. B. ein einfacher Bauern-Barbera aus dem Piemont.

PENNETTE AL FARO

KURZE RÖHRENNUDELN MIT AUBERGINEN UND PAPRIKA

1 Aubergine (ca. 250 g)
1 rote Paprikaschote
1 mittelgroße Zwiebel
6 EL Olivenöl
6 EL passierte Tomaten (passata di pomodoro)
evtl. 1-2 EL Schlagsahne
6 EL Basilikum, grob gehackt
Salz
350 g Pennette (kurze, diagonal gerippte Röhrennudeln)
geriebener Parmesan

Zubereitungszeit 40 Minuten

Die Aubergine waschen und ungeschält in nicht ganz zentimetergroße Würfel schneiden. Paprika halbieren, entkernen und ebenfalls würfeln. Zwiebel pellen und würfeln.
Das Gemüse in einer großen Pfanne im heißen Olivenöl kurz anbraten, ohne daß es Saft zieht. Die passierten Tomaten und, wenn gewünscht, die Sahne zugeben und kurz durchkochen.
Das Basilikum unterrühren.
Die in Salzwasser al dente gegarten Pennette mit dem Gemüse mischen und durchschwenken.
Auf gewärmten Tellern anrichten und mit Parmesan bestreut servieren.

★★★
Die Aubergine heißt im Italienischen melanzane und ist eine gern verwendete längliche Gemüsefrucht. Roh ist sie nicht genießbar. Kaufen Sie feste, schwere Auberginen mit glänzender, glatter Schale, die bei leichtem Druck nachgibt.

Trinken Sie dazu Roten oder Weißen – einen ehrlichen Wein für alle Tage.

Die Aubergine gehört als klassischer Bestandteil zur Mittelmeerküche.

AGNOLOTTI RICOTTA E SPINACI

TEIGTASCHEN MIT RICOTTA-SPINATFÜLLUNG

für 6 Personen
als Hauptgericht oder
für 8-10 als Vorspeise

Für den Teig:
500 g Mehl
4 Eier
1/2 TL Salz
2 EL Olivenöl

Für die Füllung:
250 g frischer Spinat
(oder 125 g TK-Blattspinat)
250 g frischer (weißer)
Ricotta
4 EL geriebener Parmesan
50 g Mortadella,
feingehackt
Pfeffer
1 Eigelb
Salz
100 g Butter
1 kleines Bund Salbei
geriebenen Parmesankäse

Zubereitungszeit
2 Std.

Das Mehl auf die Arbeitsfläche geben, eine Mulde in die Mitte drücken, in die man die aufgeschlagenen Eier, Salz und Öl gibt. Zunächst mit einer Gabel Eier verquirlen, nach und nach das Mehl einarbeiten, dann mit einem Teigspatel mehrfach wenden, schließlich alles mit den Händen gründlich verkneten. Eventuell einige Löffel Wasser zugeben, um die ideale Konsistenz zu erreichen. Solange kneten, bis der Teig elastisch ist und die Oberfläche glänzt – das dauert etwa10 bis 15 Minuten. In Klarsichtfolie wickeln und bei Zimmertemperatur mindestens eine Stunde ruhen lassen.
Den Spinat gründlich waschen, tropfnaß in einen Topf geben und zugedeckt dämpfen, bis er zusammengefallen ist. Abtropfen lassen und zwischen Küchenpapier gut trockentupfen. Spinat grob hacken und mit dem Frischkäse und der Mortadella zu einer Farce verarbeiten. Mit Pfeffer abschmecken.
Die Arbeitsfläche bemehlen, den Teig ca. 2 mm dünn ausrollen und mit einem gewellten Teigrädchen in 8 cm große Quadrate teilen.
Die Füllung auf die Teigflecken verteilen, dabei die Teigränder freilassen.
Das Eigelb mit 1 EL Wasser verquirlen und die Teigränder damit bestreichen.
Die Quadrate zu Dreiecken (möglichst ohne Lufteinschluß) zusammenklappen und die Ränder festdrücken.
Die Agnollotti in reichlich kochendem Salzwasser garen. Sie sind fertig, wenn sie an der Oberfläche schwimmen.
Die Butter zerlassen, die abgezupften Salbeiblätter darin ziehen lassen.
Die Agnollotti in der Salbeibutter schwenken und auf warmen Tellern servieren.
Mit Parmesan bestreuen.

★ ★ ★

Man kann sich die erste Phase der Teigzubereitung erleichtern, indem man die Zutaten in eine Schüssel gibt und mit dem Knethaken eines elektrischen Handrührgerätes bearbeitet, bis sich ein Kloß gebildet hat, der nicht mehr an der Schüssel klebt. Dann mit den Händen weiterkneten.

Ein säurebetonter Weißer, z. B. ein Welschriesling aus dem Veneto

SPAGHETTI ALLE VONGOLE

SPAGHETTI MIT VENUSMUSCHELN

40 große Venusmuscheln
250 g Kirschtomaten
6 EL Olivenöl
1-2 Knoblauchzehen, feingehackt
1 Peperoncino (kleine, getrocknete Chilischote)
350 g Spaghetti
Salz

Zubereitungszeit
30 Minuten

Die Muscheln in reichlich Wasser spülen und abtropfen lassen. Exemplare, die sich auf leichtes Klopfen nicht schließen, aussortieren.
Die Tomaten mit kochendem Wasser überbrühen, kalt abschrecken, enthäuten und grob hacken. Das Öl erhitzen, den Knoblauch und den zerbröselten Peperoncino darin anschwitzen, die Tomaten zugeben und kurz durchkochen. Die Muscheln zufügen und bei mäßiger Hitze dämpfen, bis sie sich geöffnet haben (ungeöffnete aussortieren), das Ganze kurz aufkochen und durchschwenken.
Die Spaghetti in reichlich Salzwasser al dente garen und auf einem Durchschlag abgießen.
Zurück in den Topf geben und mit der Muschelsoße durchschwenken. Sofort auf gewärmten Tellern anrichten, die Muscheln mit der Sauce darauf verteilen.

★★★

Das richtige Timing erreicht man so: Die Spaghetti ins kochende Wasser geben, wenn die Muscheln in den Topf kommen.
Teigwaren müssen immer in reichlich Wasser gegart werden – idealerweise ein Liter auf hundert Gramm Nudeln.
Pro Liter rechnet man zehn Gramm Salz – etwa ein Teelöffel.
Geben Sie beim Erhitzen des Wassers den Deckel auf den Topf – das spart Energie –, die Nudeln kochen offen.
Öl ins Wasser zu geben ist bei solchen trockenen Dauerteigwaren unnötig.
Nur bei frischer Pasta macht es Sinn, da diese dann nicht so leicht verklebt. Das „Abschrecken" der Pasta mit kaltem Wasser ist unsinnig – man müßte sie dann mühsam wieder aufwärmen.

Wird Pasta als Hauptgericht gereicht, rechnet man pro Portion 100 bis 125 Gramm (Trockengewicht).

Dazu paßt ein kräftiger, gehaltvoller Weißwein – ein Sauvignon etwa oder ein Chardonnay aus dem Barrique.

LINGUINE PUTTANESCA

NUDELN MIT OLIVEN UND KAPERN

320 g Linguine
1 Dose Tomaten (450 g)
2 Knoblauchzehen
24 schwarze Oliven, ohne Kern
1 EL kleine Kapern
Olivenöl
Salz

Olivenöl erhitzen, geschälte Knoblauchzehen mit Messer plattdrücken und zum Öl geben, leicht anbraten. Geschälte Tomaten in Stücke schneiden und mit dem Tomatensaft aus der Dose in die Pfanne geben. Oliven und Kapern zufügen und alles etwa 10 Minuten bei mittlerer Hitze kochen lassen. Vorsichtig mit Salz abschmecken, da schon die Oliven und Kapern würzig sind. In 2 Litern sprudelndem Salzwasser die Linguine al dente kochen und mit dem Sugo vermischen. Sofort heiß servieren.

★★★
Der Kapernstrauch wächst in Südeuropa. Seine kleinen Blütenknospen werden vor dem Blühen geerntet und in Salzlake eingelegt, die dann als Kapern ein appetitanregendes Gewürz ergeben. Die kleinsten und feinsten heißen Nonpareilles.

Zubereitungszeit
25 Minuten

Ein Frecati secco superiore

Kapern
erst zum Schluß
zu den Speisen geben, sie dürfen nicht gekocht werden.

TORTIGLIONI ALLA SORRENTINA

DICKE RÖHRENNUDELN MIT TOMATEN UND MOZZARELLA

320 g Tortiglioni
oder auch Rigatoni,
5-6 cm lange, 1-2 cm dicke
gerippte Röhrennudeln
Salz
250 g Mozzarella
1 großes Bund Basilikum
400 g Tomatensauce
(s. S. 23)
50 g geriebener Parmesan

Zubereitungszeit
25 Minuten

Die Tortiglioni in reichlich Salzwasser al dente kochen. Nudeln abgießen und abtropfen lassen. Mozzarella in zentimetergroße Würfel schneiden. Basilikumblätter abzupfen und grob hacken. Die Tomatensauce in einer Kasserolle erhitzen, Tortiglioni, Mozzarella und Basilikum zugeben und heiß durchmischen, bis der Käse geschmolzen ist. Parmesan unterheben. Auf gewärmten Tellern anrichten.

★★★

Variationen:

– Sehr fein geschnittene Scheibchen grünen Spargel roh unter die Nudeln mischen. Wer möchte, blanchiert den Spargel 30 Sekunden in kochendem Salzwasser. Er muß dann aber sofort in eiskaltem Wasser abgeschreckt werden, damit er nicht nachgart und immer noch al dente ist.
– Statt Basilikum feingeschnittene Rauke unterziehen.
– Feingewürfelten Fenchel kurz in Olivenöl anbraten und untermischen.

Dazu paßt z. B. ein Etna rosso aus Sizilien

Der originale Mozzarella
wird aus Büffelmilch hergestellt.

ROMBO CON CROSTA DI PATATE

BABY-STEINBUTT MIT KARTOFFELKRUSTE

für 2 Personen

5 EL Weißwein
Olivenöl
Salz
1 Baby-Steinbutt, ca. 1 kg (beim Kauf ausnehmen lassen)
2-3 große Kartoffeln einer leicht mehligen Sorte
3 EL Petersilie, feingehackt,
1-2 Knoblauchzehen, feingehackt

Zubereitungszeit
1 Std.

Weißwein mit 3 EL Öl und 1 TL Salz mischen und den Fisch damit einreiben. Auf ein geöltes Backblech oder eine ofenfeste Platte legen.
Kartoffeln schälen und in möglichst dünne Scheiben schneiden, salzen und mit Petersilie, Olivenöl und Knoblauch mischen. Den Fisch schuppenartig überlappend mit den Kartoffelscheiben bedecken, im vorgeheizten Backofen etwa 25 Minuten bei 230° C (Umluft 200° C) backen, die letzten 3 Minuten übergrillen, damit die Kartoffeln kroß und goldbraun sind.
Zum Servieren die Kruste abheben, den Fisch filetieren, die Sauce durch ein Sieb geben, über den Fisch träufeln und mit Stücken der Kartoffelkruste anrichten.

★★★
Der Steinbutt gehört zu den edelsten Fischen mit festem weißen Fleisch und feinem Wohlgeschmack.
Dieser runde Plattfisch ist zwischen Mai und Juli am delikatesten.

Probieren Sie dazu einen Vermentino, einen delikaten Weißen, aus Sardinien.

BRANZINO ALLA GRIGLIA
WOLFSBARSCH VOM GRILL

1 Wolfsbarsch, ca. 1,2 kg
Salz, Olivenöl
2-3 Stengel Petersilie
2-3 Knoblauchzehen

Für die Sauce:
10 EL Olivenöl
5 EL Zitronensaft
2 Knoblauchzehen
2 EL feingehackte Petersilie
1/2 TL Salz

Zubereitungszeit 30 Minuten

Den Wolfsbarsch beim Kauf ausnehmen lassen. Soll er auf der Platte gegrillt werden, läßt man ihn schuppen. Für das Garen auf dem Rost bleibt er ungeschuppt.
Den Fisch an beiden Seiten zwei- bis dreimal schräg 1 cm tief einschneiden. Innen und außen salzen und mit Öl einreiben. Die Bauchhöhle mit der Petersilie und dem ungeschälten, grobgehackten Knoblauch füllen. Den Fisch unter mehrfachem Wenden ca. 30 Minuten grillen. Aus den angegebenen Zutaten eine Sauce rühren, den Fisch während des Garens damit bepinseln. Den Rest der Sauce getrennt zum Fisch reichen.

★★★
Die Petersilien-Sauce paßt natürlich auch zu anderem gegrilltem Fisch. Wer möchte, kann durch die Zugabe von Gewürzen wie Fenchel, Anis oder Chili dem Fisch ein neues, interessantes Aroma verleihen.
Da die Sauce eigentlich eine Vinaigrette ist, können Sie damit z. B. auch weiße Bohnen (Canellini-Bohnen) oder Pellkartoffelscheiben als Salat anmachen. Zum Verfeinern eignen sich etwas Senf oder ein rohes, ganz frisches Eigelb.

Ein Pinot bianco aus den Colli Orientali del Fiuli.

Zum Würzen der Speisen sollte die glattblättrige Petersilie genommen werden, die aromatischer schmeckt als die krause.

CODA DI ROSPO CON PATATE

SEETEUFEL MIT KARTOFFELN

500 g Kartoffeln
150 g Möhren
2 Schalotten
8 Kirschtomaten
Olivenöl
Salz und Pfeffer
4 Doppelkoteletts vom Seeteufel à ca. 120 g
Mehl zum Wenden

Zubereitungszeit
40 Minuten

Kartoffeln schälen und in 1 cm große Würfel schneiden, Möhren schälen und in 1/2 cm große Würfel schneiden. Schalotten pellen und würfeln. Tomate halbieren.
Das Gemüse mit 3 EL Olivenöl anschwitzen, mit wenig Wasser ablöschen, salzen, pfeffern und zugedeckt gardünsten. Das Gemüse soll sämig sein. Dazu kann man einige Kartoffelwürfel herausnehmen, pürieren und wieder unterrühren.
Die Seeteufelkoteletts von den feinen Häutchen befreien, salzen und pfeffern. Leicht in Mehl wenden, kurz bei großer Hitze in heißem Olivenöl anbraten und dann bei mittlerer Hitze von jeder Seite ca. 2 Minuten fertig garen.
Das Gemüse zum Fisch geben und etwa 1 Minute durchschwenken.
Auf gewärmten Tellern mit dem Gemüse anrichten.

★★★
Wer es schärfer gewürzt liebt, kann dem Gemüse noch eine Chilischote beifügen.

Ein Verduzzo, ein Weißer aus der gleichnamigen friulanischen Rebsorte.

Die Schalotte würzt sanfter als die normale Speisezwiebel.

ORATA ALL'ACQUA PAZZA

GOLDBRASSE AUS DEM OFEN

für 4-6 Personen

1 Goldbrasse, ca. 2 kg
Salz und Pfeffer
500 g Kirschtomaten
6 EL Olivenöl
3-4 Zweiglein Oregano oder
2 EL getrockneter Oregano
2-3 Knoblauchzehen,
feingehackt

Zubereitungszeit
gut 1 Std.

Den ausgenommenen und geschuppten Fisch gründlich abspülen, salzen und pfeffern. Die Tomaten in Stücke schneiden. Den Fisch, Olivenöl, Tomaten, Oregano, Knoblauch und 1/2 l Wasser in einen Bräter geben. Im vorgeheizten Ofen bei 200° C (Umluft 180° C) 40-50 Minuten schmoren, dabei öfter begießen.
Im Ofengeschirr zu Tisch bringen.

Beilage:
Blattspinat
1 kg Spinat entstielen und gründlich waschen, tropfnaß in einen Topf geben und zugedeckt dämpfen, bis er zusammengefallen ist. Abtropfen lassen und grob hacken. 30 g Butter zerlassen, den Spinat darin schwenken, mit Salz, Pfeffer und Muskatnuß würzen.
Auf einer Platte anrichten und mit reichlich frischgeriebenen Parmesan bestreuen.

★★★
Die Goldbrasse gilt als einer der feinsten Seefische. Sie ist im Atlantik und Mittelmeer beheimatet und hat festes, mageres Fleisch.

Ein Müller-Thurgau aus dem Trentino.
In den Hanglagen an der Etsch und ihren Nebentälern entwickelt diese Rebsorte Rasse und Finesse.

CACCIUCCO

TOSKANISCHER FISCHTOPF

4 Riesengarnelen
4 Langostinos
12 Vongole
12 Miesmuscheln
4 kleine Rotbarben
4 Calamaretti – kleine Tintenfische
4 Seeteufelmedaillons (zusammen ca. 200 g)
1 kg aromatische Tomaten oder 1 große Dose geschälte Tomaten
2-3 Knoblauchzehen, feingehackt
2-3 Peperoncini (kleine Chilischoten)
Olivenöl
gut 1/8 l Weißwein
400 ml Fischfond, aus dem Glas oder selbstgekocht (s. S. 22)
8 Scheiben rustikales italienisches Weißbrot
Salz

Zubereitungszeit
1 Std.

Garnelen und Langostinos ausbrechen, ggf. den Darm entfernen. Muscheln waschen und bürsten, nur geschlossene Muscheln verwenden. Rotbarben schuppen und ausnehmen. Bei den Calamaretti den Kopf (zwischen Körper und Fangarmen) und das Rückgrat aus dem Körpersack entfernen. Seeteufelmedaillons von den feinen Häutchen befreien.
Tomaten 1 Minute mit kochendem Wasser überbrühen, kalt abschrecken, enthäuten und grob hacken.
In einer geräumigen Kasserolle Knoblauch und Peperoncini in 6 EL Olivenöl andünsten. Die Tomaten zugeben und aufkochen. Wein und Fischfond zugeben und zusammen 15 Minuten köcheln lassen.
Das Weißbrot auf ein geöltes Backblech geben und im Backofen bei 190 ° C (Umluft 170 ° C) knusprig rösten.
Fische und Meeresfrüchte salzen und in die Tomatensauce legen. Aufkochen und 5 Minuten zugedeckt ziehen lassen.
Auf Tellern anrichten, das geröstete Brot dazu reichen.

★★★
Diese Fischsuppe kann als halbe Portion gut als Vorspeise serviert werden. Dann würden diese Rezeptangaben für 8-10 Personen gelten.

Zu einem so kräftigen Fischgericht darf es mal ein Rotwein sein, zum Beispiel ein Elba Rosso, der auf der toskanischen Insel aus den gleichen Rebsorten wie der Chianti gekeltert wird.

SAN PIETRO RICCO

ST. PETERSFISCH MIT WEIßWEIN UND GARNELEN

10 Kirschtomaten
Salz
50 g Schalotten, feingehackt
Olivenöl
knapp 1/4 l Weißwein
800 g Filet
vom St. Petersfisch
Salz und Pfeffer
8 rohe, ausgelöste Schwänze
von Riesengarnelen
4 EL Petersilie, feingehackt

Zubereitungszeit
30 Minuten

Die Tomaten in kleine Stücke schneiden, leicht salzen.
Die Fischfilets salzen und pfeffern. In Olivenöl in der Pfanne kurz von beiden Seiten anbraten. Schalotten, kleingeschnittene Garnelen, Tomaten und Petersilie zugeben, mit Wein aufgießen und 5 Minuten bei mittlerer Hitze garen.
Auf gewärmten Tellern anrichten.

Die kleinen aromatischen Kirschtomaten werden auch Cherry- oder Cocktailtomaten genannt.

★★★

Der San Pietro, französisch Saint Pierre, wissenschaftlicher Name Zeus Faber, ist einer der schmackhaftesten und begehrtesten Seefische – man könnte ihn als senkrecht schwimmenden Plattfisch bezeichnen. Besonderes Kennzeichen: die beiden runden dunklen Flecken hinter den Kiemen, der Sage nach die Daumenabdrücke des Apostels Petrus, des Schutzheiligen der Fischer.
Der eßbare Anteil des St. Petersfisches macht gerade mal ein Drittel aus.
Unter demselben Namen wird auch ein Süßwasserbarsch aus dem See Genezareth angeboten. Nicht schlecht, aber eine Enttäuschung für den, der einen echten St. Pierre erwartet.

Greco di Tufo,
einer der besten Weißen
Kampaniens

SOGLIOLA AL BURRO E SALVIA

SEEZUNGE IN SALBEIBUTTER

2 Seezungen
à 850-1000 g
Salz und Pfeffer
Mehl zum Wenden
100 g Butterschmalz
2 EL Butter
1 kleines Bund Salbei

Zubereitungszeit
30 Minuten

Die ausgenommenen und enthäuteten Seezungen salzen und pfeffern, in Mehl wenden, überschüssiges Mehl abschütteln. Butterschmalz in zwei Pfannen (am besten sind ovale Fischbratpfannen dafür geeignet) erhitzen, die Seezungen hineinlegen und diese bei mittlerer Hitze von jeder Seite ca. 5 Minuten braten.
Butter mit den abgezupften Salbeiblättern erhitzen.
Die Seezunge auf gewärmten Tellern anrichten, mit der Salbeibutter begießen.

Beilage:
Kartoffelsalat
1 kg festkochende Kartoffeln in der Schale kochen, abkühlen lassen, pellen und in Stücke schneiden.
5 EL Rotweinessig mit 1 gewürfelten, roten Zwiebel, Salz, Pfeffer und 10 EL Olivenöl verrühren. Über die Kartoffeln geben und mischen. 30 Minuten durchziehen lassen. Zum Servieren mit gehackter Petersilie bestreuen.

★★★
Wichtig ist, daß die Seezungen in ganz heißes Fett gegeben werden, damit sich die Poren schließen und keine Flüssigkeit ausläuft. Dann bei mittlerer Hitze fertig garen.

Pigato di Albenga – einer der besten Weißweine aus dem westlichen Ligurien

ROMBO AL TARTUFO

STEINBUTT MIT TRÜFFELN

800 g Filet,
möglichst aus dem
Mittelstück von einem
großen Steinbutt
Salz und Pfeffer
100 g Butter
Schwarze oder weiße Trüffel
nach Gusto und Geldbeutel
evtl. Trüffelöl

Zubereitungszeit
20 Minuten

Fischfilets salzen und pfeffern, die Hälfte der Butter in einer Pfanne aufschäumen lassen und den Fisch darin bei mittlerer Hitze braten – 2-5 Minuten je nach Dicke der Stücke.
Die Trüffel sauberbürsten, wenn nötig unter Wasser, und in dünne Scheiben schneiden – das geht am besten mit einem Trüffelhobel.
Die Scheiben in die restliche zerlassene Butter geben und einige Minuten ziehen lassen – eventuell zur Verstärkung des Aromas einige Tropfen Trüffelöl dazugeben.
Den Fisch auf gewärmten Tellern anrichten, die Butter darübergießen und mit den Trüffelscheiben garnieren.
Dazu Salzkartoffeln reichen.

Trüffel sind eine Delikatesse, aber auch eine Luxusware, mit der viel Schindluder getrieben wird. Die, die ihr Geld wert sind, haben im Winter Saison: die schwarze Perigord-Trüffel und die weiße aus Alba. Sommertrüffel und andere Varietäten sind zwar billiger, aber dennoch ihr Geld nicht wert, weil sie kaum Aroma besitzen. Als Laie blickt man da nur schwer durch. Wenn Sie in Ihrem Stammlokal mit verführerischen Trüffeln angeschmeckt worden sind, sollten Sie dessen Wirt bei Bedarf um Hilfe bei der Beschaffung bitten.

★★★

Der Steinbutt ist der König der Fische und der Fisch der Könige.
Aber nur ausgewachsene Exemplare (von 3 kg Lebendgewicht aufwärts) haben die Konsistenz und den Geschmack, der süchtig macht. Sie sind rar und entsprechend teuer. Der aus Zuchtbetrieben stammende „Baby-Steinbutt“ kann mit den Erwachsenen aus der freien See nicht mithalten.

Ein großer, körperreicher Barrique-Chardonnay – zum Beispiel den „Löwengang“ vom Südtiroler Winzer Alois Lageder.

BRANZINO AL SALE

WOLFSBARSCH IN DER SALZKRUSTE

1 Wolfsbarsch, ca. 1 kg
2-3 kg grobes Meersalz
feinstes Olivenöl

Zubereitungszeit
35 Minuten

Den Fisch beim Kauf ausnehmen lassen – er braucht nicht geschuppt zu werden.
Eine Schicht angefeuchtetes Salz ca. 1-2 cm dick auf ein Backblech geben, den Fisch darauflegen und vollständig mit Salz bedecken.
In der vorgeheizten Backröhre bei 240 ° C (Umluft 220 ° C) 30 Minuten garen.
Den Fisch in seiner Salzkruste auftragen, vorsichtig herausheben, die Haut abnehmen. Die Filets auf vorgewärmten Tellern anrichten, nach Belieben mit Olivenöl beträufeln.

★ ★ ★
Würzen Sie den Fisch mit einem besonders fruchtigen Olivenöl, z. B. aus dem Chianti Classico-Gebiet der Toskana – dafür werden die Früchte von Hand in noch grünem Zustand geerntet.

Das Backen im Salz ist eine der schonendsten Garmethoden – sie wurde schon im alten Rom angewandt. Der Fisch nimmt dabei so gut wie kein Salz auf.
Für diese Zubereitung eignen sich auch andere Fische, z. B. Goldbrasse oder Lachsforelle.
Das Salz läßt sich mehrmals verwenden – nach Gebrauch durchsieben und im Backofen trocknen.

Am besten verwendet man für die Salzkruste grobes Meersalz.

Genießen Sie zum Branzino einen Arneis, einen Weißen aus dem Piemont

CONIGLIO CON FAGIOLI
KANINCHENRÜCKEN MIT BOHNEN

4 Kaninchenrücken
Salz und Pfeffer
6 EL Olivenöl
50 g Pancetta oder Räucherspeck, feingehackt
1-2 Knoblauchzehen, feingehackt
800 g gegarte Canellinibohnen mit ihrem Fond (s. S. 26)
2 Fleischtomaten, abgezogen, entkernt und feingewürfelt
1/8 l Weißwein

Zubereitungszeit
50 Minuten

Die Kaninchenrücken parieren, d. h. von Häuten und Sehnen befreien, und zu drei Viertel vom Knochen lösen, so daß sie noch dranhängen. Salzen und pfeffern. Bei mittlerer Hitze in der Pfanne in 3 EL Olivenöl rundum anbraten, dann zum Garen für ca. 12 Minuten in den 180° C (Umluft 160° C) heißen Ofen geben. Den Bratensaft mit etwas Wasser loskochen.
Speck und Knoblauch in einer großen Kasserolle im restlichen Öl anbraten, die abgetropften Bohnen, Tomaten und Wein dazugeben und kurz durchkochen.
Den Bratenfond dazugeben und mit Salz und Pfeffer abschmecken. Kaninchenrücken mit dem Bohnengemüse zusammen auf Tellern anrichten.

Pancetta ist ein leicht durchwachsener, luftgetrockneter Bauchspeck vom Schwein.

★★★
Das Fleisch des Kaninchens ist zart, hell und sollte von einem Jungtier stammen.
Es wird wegen seines hohen Nährwerts und seiner leichten Verdaulichkeit geschätzt.

Ein gehaltvoller Weißer, z. B. Vernaccia di San Gimignano

FEGATO ALLA VENEZIANA

KALBSLEBER AUF VENEZIANISCHE ART

600 g Kalbsleber
4 Zwiebeln
8 EL Olivenöl oder Butterschmalz
Salz und Pfeffer
1/2 Zitrone

Zubereitungszeit
30 Minuten

Die Leber von allen Häuten, Sehnen und Adern befreien und in zentimeterbreite Streifen schneiden, mit Küchenpapier trockentupfen. Die Zwiebeln pellen und in Spalten schneiden.
Die Leberstreifen zusammen mit den geschnittenen Zwiebeln bei starker Hitze ca. 3 Minuten unter Rühren braten (eventuell in zwei Etappen, damit aus dem Rösten nicht Schmoren wird).
Salzen, pfeffern und mit Zitronensaft beträufeln. Nochmals durchrühren.
Die Kalbsleber auf Tellern anrichten.
Wer mag, kocht den Bratfond mit etwas Weißwein los und gibt ihn über die Leber.

★★★
Die Venezianer essen dazu Polenta: 250 g Maisgrieß mit 1 l Wasser und Salz unter gelegentlichem Rühren zum Kochen bringen, bei schwacher Hitze zugedeckt ausquellen lassen. Statt Salzwasser kann man eine leichte Brühe nehmen oder halb Milch, halb Wasser. Am leckersten schmeckt Polenta aus grobem Maisgrieß.
Man ißt sie frisch gekocht als Brei.
Oder streicht sie fingerdick auf ein nasses Blech oder Brett, schneidet sie nach dem Erkalten in Stücke, die dann kurz in Butter gebraten werden.

In der italienischen Küche wird hauptsächlich Olivenöl verwendet.

Dazu paßt Roter so gut wie Weißer: ein Merlot des Veneto etwa oder ein Soave aus den Hügeln zwischen Venedig und Verona.

SCALOPPINE ALLA NAPOLETANA

KALBSSCHNITZELCHEN AUF NEAPOLITANISCHE ART

700 g dünne Kalbsschnitzel
– 12 Stück
Salz und Pfeffer
Mehl zum Wenden
2 Eier
1 Bund Basilikum
500 g geschälte Tomaten
aus der Dose
Olivenöl
75 g Parmesan, gerieben

Zubereitungszeit
30 Minuten

Die Schnitzel salzen und pfeffern. In Mehl wenden, Überschuß abklopfen. Eier verquirlen und die Schnitzel beidseitig durchs Ei ziehen. Zuletzt in Semmelbröseln wenden und in reichlich heißem Olivenöl von jeder Seite ca. 1 Minute braten.
In eine Auflaufform geben.
Die geschälten Tomaten hacken, in Olivenöl anschwitzen, Basilikumblätter zufügen und 3 Minuten köcheln. Diese dicke Sauce auf den Schnitzeln verteilen, mit Parmesan bestreuen und unterm Grill ca. 3 Minuten überbacken, bis der Käse zerlaufen ist.

★★★
Dazu sollten Sie Weißbrot reichen, um die köstliche Sauce auftunken zu können. Als Beilage sind natürlich auch Nudeln geeignet, z. B. Penne.
Sie möchten das Gericht einmal mit mehr Gemüse zubereiten? Kein Problem, mischen Sie unter die Tomatensauce feingewürfelte Zucchini oder Paprika, die vorher kurz in etwas Olivenöl angedünstet werden.
Mittelmeer-Aroma geben statt Basilikum Thymian, Oregano oder Salbei.

In Italien heißt der Parmesankäse Parmigiano, da er aus Parma stammt.

Ein Rosso Piceno – Rossini ließ sich den Wein aus seiner Heimat, den Marken, nach Paris schicken.

CARNE
Fleisch

OSSOBUCO

GESCHMORTE KALBSHAXE

4 Scheiben von der Kalbshaxe, 2,5-3 cm dick
Salz und Pfeffer
4 EL Olivenöl
je 100 g Möhre, Zwiebel und Staudensellerie, geputzt und in kleine Würfel geschnitten
500 g Tomaten, enthäutet und in Stücke geschnitten
1/4 l Weißwein

„Gremolata" – die abgeriebene Schale von 1 Zitrone mit 1 Bund gehackter Petersilie und 2-3 gehackten Knoblauchzehen mischen

Zubereitungszeit
3 Std.

Das Fleisch salzen und pfeffern. In einem großen Schmortopf Olivenöl erhitzen, und das Fleisch von beiden Seiten anbraten. Herausnehmen, das Gemüse kurz anrösten, es soll leicht Farbe annehmen. Das Fleisch wieder dazugeben und mit dem Wein ablöschen. Die Tomaten zugeben und zugedeckt ca. 2 Stunden bei schwacher Hitze schmurgeln lassen. Zuletzt eventuell ohne Deckel kochen, um den Fond zu konzentrieren. Abschmecken. Das Ossobuco mit Gremolata bestreut servieren.

Klassische Beilage:
Risotto milanese
1 feingehackte Zwiebel in 2 EL Butter anschwitzen, 300 g Vialone nano (oder einen anderen italienischen Rundkornreis) zugeben und glasig werden lassen, 1 Glas Weißwein dazugeben und verdampfen lassen, 1 l Gemüse- oder Fleischbrühe nach und nach angießen. 1 Messerspitze Safran und das abgelöste Mark von 2-3 Rinderknochen unterrühren. Bei schwacher Hitze unter gelegentlichem Umrühren zugedeckt ausquellen lassen.
Vor dem Servieren noch 2 EL Butter und 50 g frisch geriebenen Parmesan unterziehen.

★★★
Ossobuco gehört zu den Schmorgerichten, die aufgewärmt noch besser schmecken – das durch die Hitze festgewordene Fleisch entspannt sich und nimmt die Aromen des Fonds auf. Also vielleicht schon morgens fürs Abendessen zubereiten – oder noch besser über Nacht bei Raumtemperatur stehen lassen.

Probieren Sie dazu einen Gambellara – einen Weißen aus dem Veneto

QUAGLIE ALLA DIAVOLA

WACHTELN AUF TEUFELSART

8 Wachteln
Salz
4 EL Rosmarinnadeln, zerstoßen
2 Peperoncini (kleine, getrocknete Chilischoten), zerstoßen
Olivenöl

Zubereitungszeit
30 Minuten

Die Wachteln parallel zum Brustbein mit einem großen Küchenmesser längs halbieren, so daß die Hälften am Rücken noch zusammenhängen, dann schmetterlingsartig auseinanderklappen. Auf beiden Seiten mit Salz und Rosmarin, Peperoncini und Öl einreiben. In einer leicht geölten Pfanne bei starker Mittelhitze zunächst auf der Hautseite anbraten und bräunen, dabei mit einem Brettchen und einem Gewicht beschweren. Umdrehen und auf der Fleischseite knusprig braten. Die gesamte Garzeit beträgt 12-15 Minuten. Die Wachteln bis zum Servieren warmstellen.

Als Beilage:
Rosmarinkartoffeln
750 g Kartoffeln schälen und in 2 cm große Stücke schneiden, mit reichlich frischen Rosmarinnadeln und gehacktem Knoblauch in Olivenöl braten. Das geht auch gut in etwa 20 Minuten in der Backröhre. Erst zum Schluß salzen.

★★★
Das kleinste Federwild aus der Familie der Feldhühner ist die Wachtel.
Sie steht unter Naturschutz und wird für den Verzehr gezüchtet.
Ihr feines saftiges Fleisch hat einen wildähnlichen Geschmack.

Genießen Sie dazu einen Dolcetto d'Alba, einen der weniger bekannten Roten des Piemont.

COSTOLETTE DI AGNELLO AL ROSMARINO

LAMMKOTELETTS MIT ROSMARIN

12 Lammkoteletts
Salz und Pfeffer
4 EL Olivenöl
4 EL frische Rosmarinnadeln
4 Knoblauchzehen, feingehackt

Zubereitungszeit
25 Minuten

Lammkoteletts sauber parieren, d. h. die Enden der Knochen freischaben. Salzen und pfeffern. Im Öl bei kräftiger Hitze von beiden Seiten anbraten, bei schwacher Hitze je Seite noch 1 Minute weiterbraten. Rosmarin und Knoblauch in die Pfanne geben und einige Sekunden mitbraten. Die Lammkoteletts auf Teller geben und mit dem Bratensatz beträufeln.

Als Beilagen:
Feine grüne Böhnchen
In Salzwasser knackig garen, abgießen, in Butter schwenken, salzen und pfeffern.

Röstkartoffeln
In der Schale gekochte kleine Kartoffeln nach dem Abkühlen pellen, in Scheiben schneiden, in der Pfanne in Olivenöl kroß rösten, erst vor dem Servieren salzen.

★★★
Rosmarin ist ein immergrüner aromatischer Strauch, der in der Mittelmeerküche gern verwendet wird. Dieses südliche Würzkraut paßt hervorragend zu Lamm.

Dazu paßt ein Salice Salentino, der kräftige Rote aus Apulien.

BOLLITO MISTO

GEMISCHTES FLEISCH AUS DEM SUD

Für 10-12 Personen

1 Rinderzunge
1 Zampone
(gefüllter Schweinsfuß, schon fertig gekocht)
1 kg Rinderbrust
1 Bund Petersilie, mit Küchengarn zusammenbinden
1 Lorbeerblatt
1 TL Pfefferkörner
Salz
1 kg Kalbsbrust
1 Poularde, verschnürt
4 Zwiebeln, gepellt und geviertelt
4 Möhren, geschält, halbiert
8 Kartoffeln, geviertelt
4 Stengel Staudensellerie
1 Fenchelknolle, in zentimeterdicke Scheiben geschnitten

Für die Garnitur:
Salsa verde (s. S. 23),
Meerrettich, frisch gerieben
Senffrüchte

Zubereitungszeit
6 Std.

Die Zunge mit kaltem Wasser aufsetzen, aufkochen, abschäumen und bei halb aufgelegtem Topfdeckel ca. 3 Stunden bei schwacher Hitze garen. Das Kochwasser abgießen, die Zunge mit einem scharfen Messer enthäuten, Knorpel, Fett und Knochen am Ansatz entfernen.
In einem 10-Liter Topf die Rinderbrust mit reichlich Wasser, Petersilie, Lorbeerblatt, Pfefferkörnern und 1 EL Salz aufsetzen und zum Kochen bringen, abschäumen und halb bedeckt 1 Stunde köcheln lassen.
Die Kalbsbrust dazutun und aufkochen.
Die Brühe abschäumen und entfetten.
30 Minuten sanft sieden lassen.
Die Poularde dazugeben. Erneut aufkochen, abschäumen und weitere 60 Minuten köcheln lassen. 30 Minuten vor Ende der Garzeit das Gemüse, den Zampone und die Zunge zugeben.

Die Salsa verde paßt zu gekochtem Fleisch, Eiern, kaltem Fisch und Gemüse.

Das Fleisch auf ein Tranchierbrett legen, aufschneiden und auf warmen Tellern mit dem Gemüse umlegt anrichten. Meerrettich, Salsa verde und Senffrüchte dazu reichen. Vorweg wird meist die Brühe mit einer kleinen Pasta-Einlage serviert.

★★★

Die Senffrüchte *(Frutta senapata)* können in Feinkostläden gekauft werden.

Hier paßt weiß oder rot – nach Gusto

POLLO ALLA CONTADINA

HUHN NACH BÄUERINNEN-ART

1 bratfertige Poularde von ca. 1,5 kg
Salz und Pfeffer
Olivenöl
1 kg Fleischtomaten
3 Knoblauchzehen
2 Zweiglein Rosmarin
800 g Kartoffeln

Zubereitungszeit
1 Std.

Das Huhn mit Haut und Knochen in acht Stücke teilen. Salzen und pfeffern. 4 EL Olivenöl in einer großen Pfanne erhitzen und die Hühnerteile darin anbraten, dann in den 180 ° C (Umluft 160 ° C) heißen Ofen geben und ca. 20 Minuten garen. Tomaten 1 Minute mit kochendem Wasser überbrühen, kalt abschrecken und häuten. Tomaten in grobe Stücke schneiden, dabei die Kernchen entfernen. Knoblauch pellen und in Scheiben schneiden. 8 Minuten vor Ende der Garzeit Knoblauch, Rosmarin und Tomaten zugeben. Würzen.
Die Kartoffeln schälen, in dünne Scheiben schneiden und in Olivenöl kroß braten, erst zuletzt salzen. Die Kartoffeln auf Tellern anrichten, die Hühnerstücke mit der Sauce darauf verteilen.

In Italien wird der Rosmarin als Würzkraut häufig verwendet. Man sollte aber sparsam mit ihm umgehen.

★★★
Die Poularde ist ein Masthuhn, das nicht älter als 20 Wochen sein soll. Am besten schmecken Freilandhühner, die sich durch festes Muskelfleisch und fettarme Haut auszeichnen.

Ein Teroldego, rote Spezialität des Trentino

COSCIOTTO DI PORCHETTA

SPANFERKELKEULE

1 Spanferkelkeule
4 Knoblauchzehen
4 EL frische Rosmarinnadeln
Salz und Pfeffer
4 EL Olivenöl
gut 1/4 l Weißwein
100 ml dunkles Bier

Zubereitungszeit ca. 3 Std.

Knoblauch durch die Presse drücken, Rosmarin feinhacken. Beides mit Salz, Pfeffer und Öl im Mörser zu einer Paste zerstoßen. Das Fleisch damit einreiben, auf die Fettpfanne des Backofens legen und auf der mittleren Schiene bei 180 ° C (Umluft 160 ° C) 2 Stunden braten, dabei gelegentlich etwas Wein angießen, um ein Anbrennen zu vermeiden. Die Oberfläche der Keule mit Bier bespritzen, bei starker Oberhitze oder unter dem Grill bräunen. Vor dem Anschneiden im ausgeschalteten Ofen oder unter Alufolie mindestens 10 Minuten ruhen lassen.

Als Beilage:
Linsen
300 g kleine, dunkelgrüne Berglinsen einige Stunden einweichen. Feingehackten Knoblauch und einen zerbröselten Peperoncino in 2 EL Olivenöl anschwitzen, Linsen mit Einweichwasser sowie 1-2 gehackte Fleischtomaten zugeben, aufkochen und bei sanfter Hitze garen – das dauert 15-20 Minuten.
Gegen Ende der Garzeit salzen.

★★★
Man kann auch das Fleisch mit Rosmarinnadeln und gestifteltem Knoblauch spicken – die Würzung wird dadurch intensiver.

Ein Sangiovese di Romagna

FILETTO ALL'ITALIANA

FILET AUF ITALIENISCHE ART

600 g Rinderfilet, in 1 cm dicke Scheiben geschnitten
Salz und Pfeffer
4 EL Olivenöl
1-2 Knoblauchzehen, feingehackt
1 EL Petersilie, feingehackt
1 Peperoncino (kleine, getrocknete Chilischote)

Zubereitungszeit
10 Minuten

Das Fleisch salzen und pfeffern. Olivenöl in einer Pfanne erhitzen und die Filetscheiben von jeder Seite 1 Minute scharf anbraten. Herausnehmen und auf gewärmten Tellern anrichten.
Knoblauch, Petersilie und Peperoncino (wer's besonders scharf mag, zerbröselt den Peperoncino) in die Pfanne geben, kurz anbraten und über das Fleisch geben.

Als Beilage:
Al dente gegarter Brokkoli, in Knoblauch-Olivenöl geschwenkt, oder Blattspinat mit Parmesan.

★★★
Im Sommer schmeckt die Variante mit Knoblauch, frischem Thymian, Rosmarin und Salbei, alles feingehackt, im Bratfett kurz geschüttelt und über das Filet gegeben, besonders gut. Ein knackiger gemischter Salat komplettiert das köstliche leichte Essen.

Probieren Sie dazu mal einen der großen Roten der Toskana: den Tignanello etwa, oder einen Fontalloro.

COSTOLETTA DI VITELLO ALLA STRATO

KALBSKOTELETT AUF STRATOS ART

2-3 Zucchini
250 g Kirschtomaten
4 Kalbskoteletts
Salz und Pfeffer
Olivenöl
50 g Schalotten, feingehackt
16 schwarze Oliven, entkernt

Zubereitungszeit 40 Minuten

Die Zucchini längs vierteln und in 3 cm lange Stäbchen schneiden. Tomaten 1 Minute überbrühen, kalt abschrecken und häuten. Tomaten in Viertel schneiden. Koteletts salzen und pfeffern. In 4 EL Olivenöl auf beiden Seiten bei mittlerer Hitze anbraten, die Hitze reduzieren und je Seite ca. 4 Minuten weiterbraten. Die Koteletts warmstellen. Einen Schuß Olivenöl in die Pfanne geben, die Zucchini hineingeben und bei kräftiger Hitze anbraten. Schalotten, Tomaten und Oliven zufügen, etwa 5 Minuten schmoren und abschmecken. Die Koteletts mit dem Gemüse auf Tellern anrichten.

★★★
Die schwarzen Oliven sind vollreif. Zum Konservieren werden sie in Salzwasser eingelegt, getrocknet und dann mit Olivenöl bedeckt. Sie würzen die Speisen pikant.

Dazu paßt ein Rosé – zum Beispiel der berühmte Five Roses aus Apulien.

Zucchini sind kleine Gemüsekürbisse, die ungeschält als Rohkost oder gegart verwendet werden.

MILANESE CON RUCOLA

MAILÄNDER SCHNITZEL MIT RAUKE

12 kleine Kalbsschnitzelchen, à 60 g
Salz und Pfeffer
Mehl und Semmelbrösel zum Wenden
2 Eier
Butterschmalz zum Braten
250 g Rauke (Rucola)
250 g Kirschtomaten
3 EL Zitronensaft
6 EL Olivenöl

Zubereitungszeit 35 Minuten

Die Schnitzelchen salzen und pfeffern. In Mehl wenden, Überschuß abschütteln, beidseitig durch die verquirlten Eier ziehen und in Semmelbröseln wenden. Reichlich Butterschmalz in einer großen Pfanne erhitzen und die Schnitzelchen bei mittlerer Hitze ca. 2 Minuten von jeder Seite goldbraun braten.
Rauke entstielen, waschen und gut abtropfen lassen.
Tomaten halbieren. Zitronensaft mit Salz, Pfeffer und Olivenöl verrühren. Rauke und Tomaten jeweils mit der Hälfte der Marinade mischen.
Die Schnitzelchen auf Tellern anrichten, darauf die Rauke und die Tomaten geben. Wichtig: Der Salat soll erst unmittelbar vor dem Servieren angemacht werden.

★★★
Ein ungewöhnliches Rezept, dessen Reiz darin liegt, daß sich die Panierung der Schnitzel mit dem Saft des Salates verbindet.

Dazu paßt ein säurefrischer Weißer, z. B. ein Tocai aus dem Veneto.

FARAONA AI PORCINI

PERLHUHN MIT STEINPILZEN

Für 2 Personen

1 Perlhuhn
Salz und Pfeffer
1 EL Rosmarinnadeln
Olivenöl
300 g Steinpilze
1 Knoblauchzehe, feingehackt
2 EL Petersilie, feingehackt

Zubereitungszeit 70 Minuten

Das Perlhuhn entbeinen: am Rücken längs bis auf den Kochen einschneiden, dann mit Hilfe eines biegsamen Messers das Fleisch von der Karkasse ablösen. Die Flügel abschneiden, die Beinknochen am Ansatz abtrennen (die Knochen in den Keulen belassen). Am Ende sollen die Perlhuhnhälften flach daliegen. Salzen und pfeffern, mit Rosmarin einreiben. In der Pfanne von beiden seiten in 4 EL Öl kräftig anbraten, dann in der Backröhre bei 180 ° C (Umluft 160 ° C) ca. 25 Minuten fertiggaren. Die letzten 5 Minuten mit starker Oberhitze kroß braten.
Die Pilze möglichst ohne zu waschen mit dem Pinsel und einem feuchtem Tuch säubern, in Scheiben schneiden. 3 EL Olivenöl erhitzen und die Steinpilze mit dem Knoblauch darin anbraten. Salzen und pfeffern.
Die Pilze auf eine vorgewärmte Platte geben, mit Petersilie bestreuen und das Perlhuhn darauflegen.

★★★
Das ursprünglich aus Nordafrika stammende Perlhuhn
hat ein feines, aromatisches Fleisch, das zart nach Wild schmeckt.

Ein Chianti Classico riserva

ROGNONI TRIFOLATI

GEBRATENE KALBSNIEREN

2 mittelgroße Zwiebeln
200 g braune Champignons
3 EL Butterschmalz
2 Kalbsnieren
4 cl Cognac
Salz und Pfeffer
2 EL Petersilie, feingehackt

Zubereitungszeit
70 Minuten

Die Zwiebeln pellen, die Champignons putzen und beides in Scheiben schneiden. Die Zwiebeln in 1 EL Butterschmalz anrösten und leicht Farbe annehmen lassen. Die Champignons dazugeben und 2-3 Minuten mitgaren.
Die Nieren säubern und in 1/2 cm dicke Scheiben schneiden. In einer zweiten Pfanne bei starker Hitze im restlichen Butterschmalz braten. Mit dem Cognac ablöschen, diesen verdampfen lassen (Vorsicht, Brandgefahr, besonders bei Gasherden).
Zwiebeln und Champignons daruntermischen und mit Salz und Pfeffer abschmecken. Mit Petersilie bestreut auf Tellern anrichten.

Die Zuchtchampignons sind das ganze Jahr über frisch erhältlich.

Als Beilage:
Brokkoli
Den Brokkoli in Röschen teilen, in kräftig gesalzenem Wasser blanchieren und mit einigen Pinienkernen in Olivenöl schwenken.

★★★

Die Zuchtchampignons sind das ganze Jahr über im Angebot. Die Pilze sollten fest im Fleisch sein. Je größer und dunkler sie sind, desto aromatischer schmecken sie.

Ein Rosso di Montalcino, der „kleine Bruder" des großen Brunello

CREMA BRULATA

GRATINIERTE VANILLE-SAHNECREME

4 Eigelb
50 g Zucker
1/2 l Schlagsahne
1 Vanilleschote
Rohrzucker zum Gratinieren

Zubereitungszeit
40 Minuten ohne Kühlzeit

Eigelb und Zucker schaumig schlagen. Sahne mit dem ausgekratzten Mark der Vanilleschote und den Schoten aufkochen. Vom Herd nehmen und die Schoten entfernen. Die Sahne unter Rühren zur Eigelb-Zuckermischung geben.
In flache ofenfeste Schalen füllen.
Die Fettpfanne des Backofens gut 1 cm hoch mit kochendem Wasser füllen.
Die Cremeschalen hineinstellen.
Im Backofen bei 150 ° C (Umluft 130 ° C) 30 Minuten stocken lassen.
Die Cremeschalen einige Stunden im Kühlschrank gut durchkühlen lassen.
Vor dem Servieren mit Rohrzucker bestreuen und unter dem Grill gratinieren, bis der Zucker eine braune Kruste bildet.

Dazu einen Moscato rosa, einen sehr seltenen Dessertwein aus Südtirol, reichen.

Die Vanilleschote ist die Kapselfrucht einer tropischen Orchideenpflanze.

TORTA DI MANDORLE

MANDELTORTE

ergibt ca. 16 Stücke

250 g Halbbitterkuvertüre
250 g weiche Butter
6 Eier, getrennt
150 g Zucker
1 Päckchen Backpulver
500 g gemahlene Mandeln, ungeschält
3 EL Amaretto (Mandellikör)

Zubereitungszeit
1 Std.

Halbbitterkuvertüre in Stücke brechen, mit den Mandeln halb und halb in die Moulinette geben und verarbeiten.
Eigelb mit Zucker schaumig rühren, weiche Butter, Backpulver, Kuvertüre und Mandelmehl zugeben und gut verrühren.
Eiweiß steif schlagen. 1/3 Eischnee abnehmen und den Teig damit geschmeidig rühren. Restlichen Eischnee unterheben.
Den Boden einer Springform (26 cm Durchmesser) mit Backpapier auslegen und den Teig einfüllen. Im vorgeheizten Backofen bei 175 ° C (Umluft 150 ° C) ca. 1 1/4 Stunden backen.
Mit einem Holzstäbchen die Garprobe machen: In die Mitte des Kuches stechen und herausziehen. Wenn nichts daran hängen bleibt, ist der Kuchen gar.
Den heißen Kuchen mit Amaretto beträufeln.
Die Schokoladen-Mandeltorte mit einer Kugel Vanilleeis servieren.

★★★
Ganz verwöhnte Süßschnäbel können die Torte noch mit einer Decke aus Marzipan versehen und sie mit Schokolade überziehen.
Dazu 200 g Marzipanrohmasse mit 100 g gesiebtem Puderzucker gut verkneten. Zwischen Klarsichtfolie rund ausrollen. Die Torte zuerst mit heißer Aprikosenmarmelade bestreichen und mit Marzipan einkleiden. 150 g Zartbitter-Kuvertüre im heißen Wasserbad schmelzen und die Torte damit bestreichen. Zum Garnieren eignen sich abgezogene Mandeln, gehackte Pistazien oder Trüffel.

Dazu trinkt man am besten ein Gläschen Vin Santo, der klassische leicht oxidative Dessertwein aus der Toskana.

PANNA COTTA

SAHNECREME

2 1/2 Blatt Gelatine
1/2 l Schlagsahne
1 Vanilleschote
1 Eiweiß
25 g Puderzucker

Zubereitungszeit
15 Minuten ohne Kühlzeit

Die Gelantine 5 Minuten in kaltem Wasser einweichen. Die Sahne mit dem Mark der Vanilleschote aufkochen. Vom Herd nehmen und die ausgedrückte Gelatine darin auflösen. Abkühlen lassen. Das Eiweiß steif schlagen, dabei den Puderzucker einrieseln lassen. Den Eischnee unter die Sahnemischung ziehen.
In Portionsschalen füllen und kalt stellen.

Dazu reicht man frisches Kompott aus Früchten der Jahreszeit, zum Beispiel Rhabarber und Erdbeeren:

Einen Sirup aus 250 g Zucker und 1/4 l Wasser kochen. 500 g Rhabarber waschen, putzen und in Stücke schneiden, im Sirup wenige Minuten garen. Der Rhabarber soll eben weich sein, aber nicht zerfallen.
Mit einer Schaumkelle herausnehmen.
500 g geputzte Erdbeeren (größere Exemplare kleinschneiden) im Sirup kurz garen, herausnehmen und zum Rhabarber geben.

Als weitere Garnitur gibt es einen Birnensirup:
500 g Birnen waschen und kleinschneiden.
In dem Früchtesirup weich kochen.
Über Nacht durchziehen lassen.
Dann durch ein Tuch seihen und den Sirup bei sanfter Hitze dick einkochen..

Servieren:
Die Panna cotta auf Teller stürzen (dazu die Schalen vorher kurz in heißes Wasser stellen), mit dem Kompott garnieren und mit Birnensirup beträufeln.

BAVARESE AL LIMONE

ZITRONENMOUSSE

3 Blatt Gelatine
150 g Zucker
1/4 l Zitronensaft
50 ml Wasser
1/2 l Schlagsahne
500 g Beeren der Saison (z. B. Heidelbeeren, Himbeeren, Erdbeeren)
Zitronenraspel
Frische Minze oder Zitronenmelisse

Zubereitungszeit
15 Minuten plus Kühlzeit

Gelatine 5 Minuten in kaltem Wasser einweichen. Zucker, Zitronensaft und 50 ml Wasser erhitzen, bis der Zucker völlig gelöst ist. Die ausgedrückte Gelatine darin auflösen. Die Mischung im kalten Wasserbad abkühlen, um das Gelieren zu beschleunigen.
Die Sahne steif schlagen und unter die Zitronenmasse heben, sobald diese zu gelieren beginnt. Vor dem Servieren die Zitronenmousse mehrere Stunden kühl stellen.
Die Beeren auf 4 Gläser verteilen und die Zitronenmousse darübergeben. Mit Zitronenraspel und Minzeblättchen garniert servieren.
Falls die Zitronen sehr sauer sind, das Mischungsverhältnis Zitrone zu Wasser ändern und etwas mehr Wasser nehmen.

★★★

Serviervorschlag:
Sie können die Zitronenmousse auch in eine Schüssel geben und kühl stellen. Zum Anrichten mit zwei in Wasser abgespülten Eßlöffeln Nocken abstechen. Diese zusammen mit den Beeren dekorativ auf Tellern anrichten.

Variationen:
Statt Zitronensaft frisch gepreßten Orangen- oder Grapefruitsaft nehmen und mit einem Schuß Campari oder Aperol (nicht ganz so herb) abschmecken.

PROFITEROLES

GEFÜLLTE WINDBEUTEL

Brandteig für ca. 35 Stück:
125 g Butter
1/2 TL Salz
125 g Mehl
4 Eier
1 Rezept Mascarponecreme (s. S. 136)
200 g Zucker für Karamel

Zubereitungszeit
1 1/2 Std.

Butter und Salz mit 1/4 l Wasser aufkochen, bis sich die Butter aufgelöst hat und die Flüssigkeit ganz heiß ist.. Das Mehl auf einmal hineingeben und rühren, bis sich die Masse als Kloß vom Topfboden löst. Dann nach und nach mit einem Kochlöffel die Eier einarbeiten.
Diesen Brandteig in einen Spritzbeutel mit Lochtülle füllen und auf ein mit Backpapier ausgelegtes Blech walnußgroße Häufchen spritzen. Bei 220° C (Umluft 200° C) im vorgeheizten Ofen 5 Minuten backen, dann auf 180° C (Umluft 160° C) herunterschalten und ca. 25 Minuten weiter backen. Die Windbeutel sollen zur doppelten Größe aufgehen und goldbraun werden. Die Windbeutel auf einem Kuchengitter auskühlen lassen. Die Mascarponecreme in einen Spritzbeutel mit dünner, langer Rohrtülle geben und die Windbeutel damit füllen, in dem man die Tülle in den Teig sticht.
Jeweils drei Stück auf einem Teller anrichten.

Den Zucker in einem kleinen Topf schmelzen und zum Karamel bräunen. Eine Gabel eintauchen und damit über die Profiteroles fahren, so daß der von den Zinken ablaufende Karamel Fäden bildet und die Profiteroles auf diese Weise von einem Netz aus Karamelfäden überzogen werden.

★★★
Karamel zu Fäden zu „spinnen" ist nicht ganz einfach. Wer mit diesem Dessert glänzen will, sollte vorher schon einmal üben. Geschick und schnelles Arbeiten ist unbedingt erforderlich.

TIRAMISU

MASCARPONECREME MIT LÖFFELBISKUITS

für 6-8 Personen

3 Eier, getrennt
250 g Zucker
500 g Mascarpone
(ersatzweise Doppelrahm-Frischkäse)
2 Packungen Löffelbiskuits
4 Tassen doppelten Espresso
Kakaopulver

Zubereitungszeit
30 Minuten ohne Kühlzeit

Eigelb und Zucker schaumig schlagen, den Mascarpone unterrühren.
Das Eiweiß steif schlagen und unterziehen.
Den Boden einer länglichen Form mit Löffelbiskuits belegen, die vorher mit Espresso getränkt werden.
Die Hälfte der Mascarponecreme daraufstreichen, mit einer Schicht Biskuits, die erneut mit Espresso getränkt sind, bedecken, und den Rest der Creme darauf verteilen. Eine Schicht Kakaopulver darübersieben und einige Stunden kalt stellen.

★★★

Wichtig ist, daß man für diese kaltgeschlagene Creme ganz frische Eier verwendet.
Häufig wird diese Creme auch noch mit einem Schuß Marsala aromatisiert.

Variationen:
Das Dessert können Sie ganz nach Gusto immer wieder neu abwandeln;
- den Espresso mit einem Schuß Kaffeelikör oder Weinbrand verfeinern.
- die Creme mit etwas Eierlikör verrühren. Sie wird dann allerdings etwas dünner.
- mit frischen Erdbeeren einschichten.
- zusammen mit einem Löffel Sauerkirschgrütze servieren – das wäre dann die italienische Antwort auf Schwarzwälder Kirschtorte!
- die Creme mit Krokant oder geraspelter Schokolade bestreuen.

Ein Gläschen süßer Marsala aus Sizilien.

FRUTTI DI BOSCO CON CREMA DI MASCARPONE

BEEREN MIT MASCARPONECREME

1 Ei, getrennt
125 g Zucker
250 g Mascarpone (ersatzweise Doppelrahm-Frischkäse)
500 g Beeren der Saison, z. B. Himbeeren, Erdbeeren, Heidelbeeren, Johannisbeeren

Zubereitungszeit
10 Minuten (ohne Kühlzeit)

Eigelb und Zucker schaumig schlagen, Mascarpone unterrühren. Eiweiß steif schlagen und unter die Creme ziehen.
Die Creme einige Stunden in einer Schüssel kühlen.
Die Beeren in einem Glas anrichten und mit der Mascarponecreme übergießen.

Variationen:
- Einen Mürbeteigboden üppig mit Beeren belegen und die Creme daraufgeben. Gut gekühlt servieren.
- Die Creme mit nur einem Eßlöffel Zucker zubereiten und mit zerbröckelten Amaretti (Mandelmakronen) bestreuen.
- Die eisgekühlte Creme über heiße Bratäpfel geben und sofort servieren.
- Karamellisierte Feigen mit eisgekühlter Creme anrichten.

★★★
Die Creme ist durch Mascarpone sehr gehaltvoll und hat entsprechend Kalorien, schmeckt aber einfach himmlisch.
Wer auf Kalorien achten muß, ersetzt die Hälfte des Mascarpones durch Joghurt. Noch „schlanker" wird die Creme, wenn Sie Magerquark mit etwas kohlensäurehaltigem Mineralwasser aufschlagen und nur einen Eßlöffel Mascarpone darunterrühren.
Die Creme dann wie beschrieben zubereiten.

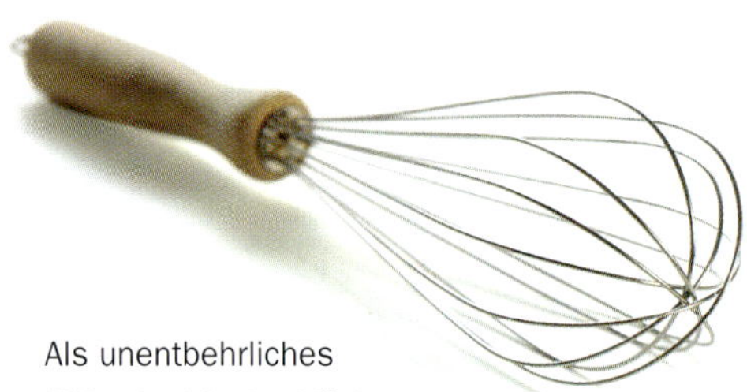

Als unentbehrliches Hilfsmittel in der Küche immer einsetzbar: der Schneebesen

ZUPPA INGLESE

SCHICHTSPEISE

für 6-8 Personen

Für den Biskuit:
3 Eier
150 g Zucker
150 g Mehl
1/2 Päckchen Backpulver

Für die Creme:
8 Eigelb
200 g Zucker
100 g Mehl
1 l Milch
Mark von einer Vanille-schote
200 g gemischte Beeren nach Saison
abgeriebene Schale 1 Zitrone (unbehandelt)
300 ml weißer Martini
125 ml Rum

Für das Baiser:
8 Eiweiß
500 g Puderzucker

Zubereitungszeit
2 Std.

Für den Biskuit Eier und Zucker schaumig schlagen. Mehl und Backpulver darübersieben und unterheben.
Die Masse mit Hilfe einer Palette auf ein mit Backpapier ausgelegtes Blech streichen und mit Alufolie bedecken.
Bei 200 ° C (Umluft 180 ° C) im vorgeheizten Ofen 20-25 Minuten backen.
Für die Creme Eigelb mit Zucker schaumig schlagen. Mehl darübersieben und unterziehen. Milch mit Vanillemark aufkochen, unter Rühren zur Eigelbmasse geben.Unter Rühren bei schwacher Hitze ausquellen lassen. Die kleingeschnittenen Beeren unterheben. Die Zitronenschale einrühren.
Das Biskuit in gleich große längliche Rechtecke schneiden und mit der Mischung aus Martini und Rum tränken.
Biskuitscheiben auf eine ofenfeste flache Platte geben. Mit Creme bestreichen und mit den nächsten durchtränkten Biskuitscheiben belegen.
Zuoberst kommt eine Schicht Creme.
Für den Baiser Eiweiß steif schlagen, dabei den gesiebten Puderzucker einrieseln lassen. Das Eiweiß muß ganz fest werden.
Eischnee in einen Spritzbeutel mit großer Sterntülle füllen und die Torte dicht an dicht mit großen Tupfen bespritzen.
Bei 150 ° C (Umluft 120 ° C) im Backofen ca. 20 Minuten mehr trocknen als backen – die Baiserschicht soll innen noch weich sein.
Die Zuppa Inglese abkühlen lassen.
Zum Anrichten in Scheiben schneiden.

CIOCCOLATA STRATO

SCHOKOLADENCREME

60 g Butter
160 g Halbbitter-Kuvertüre
30 g Kakaopulver
4 Eigelb
6 Eiweiß
50 g Zucker

Zubereitungszeit
30 Minuten

Butter und Kuvertüre im Wasserbad oder in der Mikrowelle schmelzen. Kakao und Eigelb einrühren. Das Eiweiß steif schlagen, dabei den Zucker einrieseln lassen.
Einige Löffel Eischnee unter die Schokoladenmasse rühren, um sie geschmeidig zu machen. Dann vorsichtig den restlichen Eischnee unterheben, dabei nicht mehr rühren.
In flache Portionsschalen füllen und im Ofen bei 220° C (Umluft 190° C) 3-4 Minuten backen.
Die Speise soll innen noch cremig sein.
Mit Vanilleeis servieren.

Kuvertüre besteht aus mindestens 31% Kakaobutter und 2,5 bis 16% fettfreier Kakaotrockenmasse.

PRUGNE CON VINO ROSSO

PFLAUMEN IN ROTWEIN

500 g Dörrpflaumen
1 l Rotwein
150 g Zucker
1 Zimtstange
1 EL Speisestärke
4 cl Amaretto

Zubereitungszeit
15 Minuten ohne Kühlzeit

Die Pflaumen im Rotwein mit Zucker und der Zimtstange erhitzen (nur leise köcheln lassen), bis sie aufgequollen sind. Abseihen.
Den Wein aufkochen und mit in wenig kaltem Wasser angerührter Speisestärke binden. Den Amaretto einrühren und die Pflaumen zurück in die Weinsauce geben. Die Rotweinpflaumen kalt mit Eis servieren – z. B. mit Zimteis.

Gut schmecken auch Crêpes mit Rotweinpflaumen, ganz nach Belieben mit einer Kugel Nuß-Eis serviert. Wer möchte, probiert die Pflaumen zu einem Stück Käsekuchen.

★★★
Getrocknete Früchte in Weinsud zu garen, sind im Winter eine ideale Alternative für ansonsten frisch-fruchtige Desserts. Sie können dabei beliebig variieren:
Zum Beispiel getrocknete Birnen in Rotweinsud garen und mit einem Schuß Birnengeist verfeinern. Getrocknete Aprikosen können sowohl in Rotwein, als auch in Weißweinsud weichgekocht werden. Zum Aromatisieren ist Marillenschnaps empfehlenswert.
Oder Sie probieren einmal Strega, einen italienischen Vanille-Kräuter-Likör.

MINI-PROFITEROLES

WINDBEUTEL-PRALINEN

ergibt ca. 50 Stück

Für die Vanillecreme:
4 Eigelb
100 g Zucker
50 g Mehl
1/2 l Milch
Mark von einer Vanilleschote

Für den Brandteig:
65 g Butter
1/4 TL Salz
65 g Mehl
2 Eier

100 g Zartbitterschokolade

Zubereitungszeit
1 1/2 Std

Für die Creme Eigelb und Zucker schaumig schlagen. Mehl unterrühren. Milch mit der ausgekratzten Vanilleschote aufkochen, unter Rühren zur Eigelbmasse geben und unter Rühren bei schwacher Hitze ausquellen lassen.
Für den Teig Butter und Salz mit 1/8 l Wasser aufkochen. Das Mehl auf einmal hineingeben und rühren, bis sich die Masse als Kloß vom Topfboden löst. Etwas abkühlen lassen, dann nach und nach mit einem Kochlöffel die Eier einarbeiten.
Den Brandteig in einen Spritzbeutel mit 5 mm-Tülle geben und haselnußgroße Häufchen auf ein mit Backpapier belegtes Blech spritzen. Im Ofen bei 220° C (Umluft 200° C) 10–15 Minuten backen. Die Windbeutel sollen zur doppelten Größe aufgehen und goldbraun sein.
Die Vanillecreme in einen Spritzbeutel mit kleiner Rohrtülle geben und in die Windbeutelchen spritzen.
Die Schokolade in Stücke brechen. Im heißen Wasserbad schmelzen und auf jedes Windbeutelchen einen Tupfer geben.
Die Pralinen in Pralinenkapseln setzen.

Die kleinen Schleckereien, die zum Caffè am Schluß eines vorzüglichen Mahls serviert werden

CHIACCHERE

SCHLEIFCHEN

ergibt etwa 100 Stück

Für den Teig:
175 g Mehl
1/2 Päckchen Backpulver
2 EL Grappa
1 Schuß Weißwein
2 Eigelb
35 g flüssige Butter
Mehl zum Ausrollen
Sonnenblumen- oder Erdnußöl zum Ausbacken
Puderzucker zum Bestäuben

Zubereitungszeit
45 Minuten plus Ruhezeit

Die Zutaten für den Teig mit 1 1/2 EL Wasser vermengen und wie einen Nudelteig kneten, bis er elastisch ist und glänzt. In Klarsichtfolie wickeln und 30 Minuten ruhen lassen.
Auf einer bemehlten Arbeitsfläche 2 mm dünn ausrollen (das kann man auch zwischen den Walzen einer Nudelmaschine machen). In 2 x 5 cm große Rechtecke schneiden und portionsweise im 175 ° C heißen Öl goldgelb fritieren. Auf Küchenpapier abtropfen lassen und mit Puderzucker bestäuben.

Puderzucker läßt sich leicht mit einer Streubüchse über Kuchen und Kekse verteilen.

★★★
Dieses Gebäck, das man in Venedig vorzugsweise beim Karneval anbietet, muß zwar nicht warm, aber frisch genossen werden – es verliert rasch seinen knusprigen Charme.

Wer keine Friteuse hat, erhitzt etwa 1/2 l Öl in einem Topf. Das Öl hat die richtige Temperatur, wenn an einem hineingehaltenen Holzstäbchen kleine Perlen aufsteigen.
Statt Sonnenblumen- oder Erdnußöl können Sie auch Butterschmalz zum Fritieren nehmen.

PRALINE AL CAFFÈ

MOKKAPRALINEN

für ca. 50 Stück

250 g Halbbitterkuvertüre
2 doppelte Espresso
(= 100 ml Flüssigkeit)
125 g Butter
100 g Puderzucker
Kakaopulver
Pinienkerne zum
Dekorieren

Zubereitungszeit
1 Stunde plus Kühlzeit

Kuvertüre zerbröckeln, mit dem Espresso in einer Edelstahlschüssel über dem heißen Wasserbad unter Rühren schmelzen lassen. Die Masse soll nur handwarm werden.
Im Kühlschrank abkühlen lassen.
Die Butter mit dem Puderzucker verrühren und ebenfalls für kurze Zeit in den Kühlschrank geben.
Die beiden Massen miteinander verkneten, zur Rolle formen und im Kühlschrank fest werden lassen.
Scheiben abschneiden und daraus mit Händen Kugeln formen.
In Kakaopulver wälzen, in Pralinenkapseln geben. In jede Kugel einen Pinienkern stecken. Bis zum Anrichten im Kühlschrank verwahren.

★★★
Mit selbstgemachten Pralinen zum Espresso und Digestif ernten Sie Bewunderung als perfekter Koch.
Besonders attraktiv wirkt ein Dessertteller mit Pralinen und frischen Früchten.
Dazu einen Eßteller mit Puderzucker und Kakao bestäuben, Pralinen daraufsetzen und z. B. mit Himbeeren, Erdbeeren und Physallis (Kapstachelbeeren) garnieren.

Ein Espresso schmeckt immer köstlich, wenn eine Mahlzeit beendet ist.

GLOSSAR

Ablöschen
Angebratenes Fleisch mit einer Flüssigkeit (Brühe, Wein, Wasser) übergießen, um den Bratensatz zu lösen und ein Anbrennen zu vermeiden. In der Fachsprache nennt man das Deglacieren. Eine Mehlschwitze oder Karamel wird auch zum Zwecke des Verdünnens abgelöscht.

Aceto
Bezeichnung für Essig. Eine Spezialität ist der Aceto balsamico, der aus dem Most der Trebbiano-Traube hergestellt wird und mindestens 12 Jahre reifen muß.

Aglio
Knoblauch

Al dente
Al dente Zubereitetes bietet den Zähnen noch einen leichten Widerstand, ist aber nicht mehr hart. Pasta, italienischer Rundkornreis und Gemüse werden al dente serviert.

Amaretto
Der Originallikör Amaretto di Saronna Originale wird aus Aprikosenöl hergestellt und zeichnet sich durch seinen süß-bitteren Geschmack aus. Damit unterscheidet sich das Original wesentlich von anderen Amaretti, deren Basis ausschließlich Mandeln sind.

Anschwitzen
Leichtes Rösten in Öl oder Fett im offenen Kochgeschirr, ohne daß das Produkt Farbe annimmt. Insbesondere Zwiebeln und Schalotten, sie werden dabei weich und glasig.

Arrabbiata
ist eine scharfe Mischung aus Peperoncini, Knoblauch und Tomaten, z. B. Spaghetti all' arrabbiata..

Arrosto
Ganze Fleischstücke am Spieß über offenem Feuer oder im Ofen gebratenes Fleisch, z. B. *arrosto di vitello* oder *di maiale*, Kalbs- bzw. Schweinsbraten.

Bel Paese
Milder weicher Butterkäse aus Kuhmilch, mit leicht säuerlichem, zartem Geschmack. Auch zum Überbacken geeignet.

Bistecca alla fiorentina
Ein sehr großes Steak mit Filet am Knochen, über Holzkohle gegrillt, nur mit Salz und Pfeffer und einigen Tropfen Olivenöl gewürzt. Original nur mit Fleisch der weißen Chianina-Rinder. Eine Spezialität der Toskana.

Blanchieren
Vorgaren in kochendem Salzwasser, insbesondere Gemüse. Blanchieren verstärkt die natürliche Farbe. Wenn Gemüse im voraus blanchiert wird, schreckt man es danach in Eiswasser ab, um ein Nachgaren zu verhindern. Vor dem Servieren in Olivenöl oder Butter erwärmen. Fleisch und Knochen für Fonds werden zum Blanchieren mit kaltem Wasser aufgesetzt, um Trübstoffe zu entfernen.

Braten
Garen in der offenen Pfanne oder im Topf mit wenig Fett – das Bratgut darf dabei keinen Saft ziehen. Darum darf nicht zuviel in der Pfanne sein, die Temperatur muß ausreichend hoch sein.

Bratensatz
Die Kruste, die sich beim Braten in der Pfanne ansetzt. Mit Wein oder Brühe losgekocht, gibt sie die Grundlage für eine einfache Sauce.

Bruschetta
Geröstete Brotscheiben, die mit Knoblauch eingerieben und mit Olivenöl beträufelt sind. Sie werden mit unterschiedlichem Belag, z. B. gewürfelten Tomaten, Pilzen oder Geflügelleberfarce serviert.

Caffè
ist eine andere, durchaus gebräuchliche Bezeichnung für Espresso.

Calzone
Teigtasche aus Pizzateig mit unterschiedlichen Füllungen.

Caprese
Vorspeise in den Farben Italiens aus Tomaten, Mozzarella und Basilikum.

Cappuccino
Espresso, mit heißer Milch aufgeschäumt und mit Kakao bestreut. Der Cappuccino mit Sahnehaube ist leider eine deutsche Erfindung.

Carbonara
Wörtlich „Köhlerin", revolutionärer italienisch/französischer Geheimbund Anfang des 19. Jahrhunderts. Danach sind die *spaghetti alla carbonara* benannt, mit Pancetta (Speck), Eigelb und Pecorino.

Carpaccio
Vorspeise aus rohen, hauchdünn geschnittenen Scheiben Rinderfilet, mit Pfeffer, Olivenöl, Zitrone und gehobeltem Parmesan gewürzt.

Cassata
Bezeichnung für Speiseeis mit kandierten Früchten.

Ciabatta
Längliches, flaches Weißbrot. Wird mit und ohne Kräuter angeboten.

Crostini
siehe Bruschetta

Dünsten
Garen im geschlossenen Topf bei mäßiger Hitze mit wenig Flüssigkeit.

Entfetten
Insbesondere Fonds (Brühe) aus Fleisch oder Geflügel werden entfettet – am einfachsten, indem man sie über Nacht kalt stellt und dann das Fett als Platte abhebt.

Espresso
heißt vollständig caffè espresso und wird aus kleinen Tassen in einem Schluck nach dem Essen oder als Aufmunterung während des Tages getrunken. Es ist ein starker schwarzer Kaffee, der in einer Maschine bei hohem Druck gefiltert wird. In Italien bestellt man einfach nur: un caffè.

Farce
Gewürzte Masse aus kleingehacktem oder püriertem Gemüse, Fleisch oder Fisch, oft unter Zugabe von Brot. Zum Füllen, z. B. von Nudeltaschen.

Farfalle
Nudeln in Schmetterlingsform

Fettuccine
Breite Bandnudeln

Fond
Französisch „Grundlage" – in der Küche eine aus Fleisch, Fischgräten oder Gemüse mit Wasser gekochte Brühe als Grundlage für Suppen und Saucen.

Fontina
Feinwürziger Rohmilchkäse aus dem Aostatal, der sich gut zum Kochen eignet, da er schnell schmilzt. Ideal für Fondue und Gratin.

Fritieren
Braten in siedendem Öl bei Temperaturen bis zu 180° C. Wichtig ist, daß nicht zuviel Bratgut auf einmal ins Fett kommt, weil dann die Temperatur zu stark absinkt und das Bratgut sich mit Öl vollsaugt. Das Öl kann mehrfach verwendet werden, wenn man es nach Gebrauch filtriert und unter Luftabschluß verwahrt.

Gnocchi
Klößchen aus Kartoffelteig, die gekocht oder gebraten zubereitet werden. Als Beilage z. B. nur mit Salbei-Butter, als Vorspeise oder als Hauptgericht mit Pastasaucen.

Gorgonzola
Weicher, pikant-feiner Blauschimmelkäse. Ausgezeichneter Tafelkäse, wird auch zum Verfeinern von Saucen verwendet.

Grappa
Edler Branntwein aus Trester von sortenreinen Trauben. Wird als Digestif zum Kaffee nach dem Essen getrunken.

Gratinieren
Überbacken in der Backröhre bei starker Oberhitze oder unterm Grill.

Grissini
Lange, fingerdicke Stangen aus knusprigem Brotteig, die zum Wein geknabbert werden.

Kapernäpfel
Fein säuerlich eingelegte Früchte der Kaper, z. B. als Antipasti.

Karamellisieren
Anbräunen bei starker Hitze, wodurch Zuckerstoffe eine Kruste bilden. Insbesondere bei Früchten, sie können beim Anbraten noch mit Zucker bestreut werden.

Lasagne
Nudelteigblätter mit Fleisch, Fisch und/oder Gemüse mit Bechamelsauce geschichtet und im Ofen überbacken.

Mascarpone
Milder, sehr sahniger Frischkäse. Wird für Desserts, z. B. Tiramisu, und für Saucen statt Creme double genommen.

Minestra
Suppe mit Einlage. Unter der Rubrik Minestre werden auf Speisekarten oft auch Risotti und Teigwaren aufgeführt.

Minestrone
Dicke Gemüsesuppe aus dem Angebot der Saison. Bohnen sind immer dabei.

Mortadella
Riesig groß mit feinem Geschmack. Schweinswurst mit Pistazien.

Mozzarella
Die traditionelle Mozzarella wird aus Büffelmilch hergestellt. Vom Geschmack her kaum zu

GLOSSAR

vergleichen mit dem faden Allerwelts-Mozzarella aus Kuhmilch.

Olio extra vergine
Kaltgepreßtes „Jungfernöl" aus der ersten Olivenpressung.

Paglia e fieno
„Stroh und Heu" – weiße und grüne Nudeln.

Pancetta
Geräucherter Bauchspeck – in Italien werden die Seiten gerollt und verschnürt.

Panettone
Hefekuchen mit kandierten Früchten und Rosinen in unterschiedlichen Größen. Traditionelles Weihnachtsgebäck.

Panna cotta
Übersetzt heißt das „Gekochte Sahne". Feines Dessert aus Sahne mit Vanillearoma.

Pappardelle
Bandnudeln, breiter als Fettucine.

Parmaschinken
Für die berühmte Spezialität der Emilia-Romagna wird der Schinken am Knochen mit Meersalz trocken gepökelt und anschließend mehrere Monate in kühler Luft getrocknet.

Pasta asciutta
ist die allgemeine Bezeichnung für Teigwaren.

Peperoncini
Kleine Chilischoten, die frisch oder getrocknet mitgekocht werden. Höllisch scharf!

Pesto
Eine würzige Kräutersauce, die im Mörser (oder im Mixer) aus Basilikum, Olivenöl, Knoblauch, Pinienkernen und Parmesan und/oder Pecorino hergestellt wird. Wird löffelweise unter Spaghetti gemischt oder zum Würzen an eine Minestrone gegeben.

Piccata
Kleine dünne Kalbsschnitzel, z. B. Piccata milanese, paniert und mit Spaghetti und Tomatensauce serviert.

Porcini
Steinpilze, frisch oder getrocknet.

Prosciutto
heißt Schinken. Zwei berühmte Sorten sind der luftgetrocknete San Daniele, der in der würzigen Meeresluft des Friaul reift, und der Parmaschinken, eine Spezialität der Emilia-Romagna.

Provolone
Ein gebrühter Knetkäse aus Kuhmilch. Als Provolone dolce mit mildem Geschmack, als piccante mit pikantem Aroma.

Ravioli
Viereckige oder runde Teigtaschen mit einer Füllung aus Fleisch, Fisch oder Gemüse. Als Einlage für klare Brühen oder z. B. mit Tomatensauce.

Ricotta
Ein aus Molke bereiteter Magerkäse, den es frisch und gereift gibt.

Risotto
Reisgericht aus in Butter angebratenem italienischem Rundkornreis (Arborio oder Vialone) mit Brühe und Parmesan. Die Konsistenz ist sämig, das Reiskorn muß aber noch al dente sein.

Salsa
Kalte oder warme Sauce zu Fleisch oder Fisch. Salsa verde wird aus Kapern, Petersilie, Basilikum, Öl, Sardellen und Zitrone zubereitet und zu kaltem Fleisch gereicht.

Sepia
ist eine Tintenfischart

Sugo
Dickflüssiges Püree aus Gemüsen, Kräutern, Pilzen, Fleisch oder Fisch, das als Sauce oder Ragout oft zu Teigwaren gereicht wird.

Tagliatelle
Bandnudeln

Taleggio
Feiner Weichkäse mit einzigartigem Geschmack. Eine Spezialität aus der Lombardei.

Tortellini
Kleine gefüllte Nudelteigringe, werden z. B. mit Tomatensauce oder in klarer Brühe gereicht.

Tramezzino
Dreieckiges Sandwich aus hauchdünnem, ungetoastetem Weißbrot mit unterschiedlichem Belag.

Vitello tonnato
Dünne Kalbfleischscheiben, die mit einer Thunfisch-Kapernsauce bestrichen werden.

Zabaione
Im heißen Wasserbad geschlagene Schaumcreme aus Eigelb, Zucker und Marsala.

Zampone
Gefüllter Schweinsfuß, wird für Bollito misto oder mit Linsen verwendet, kann fertig gegart in italienischen Fachgeschäften gekauft werden.

MENÜVORSCHLÄGE

Wenn Menüs
aus den angegebenen Rezepten
zusammengestellt werden,
beachten Sie bitte,
daß dann nur die Hälfte
oder ein Drittel
der Rezeptzutaten
für 4 Personen
ausreichend sind.

I.
Bruschetta e fagioli e tartufo
Röstbrot mit Bohnen und
Trüffeln
(Seite 28)

Capellini alla carolina
Dünne Spaghetti mit Knoblauch
und Tomaten
(Seite 60)

San Pietro ricco
St. Petersfisch mit Weißwein
und Garnelen
(Seite 90)

Quaglie alla diavola
Wachteln auf Teufelsart
(Seite 106)

Frutti di bosco con crema
di mascarpone
Beeren mit Mascarponecreme
(Seite 138)

II.
Capesante alla padella
Jacobsmuscheln aus der Pfanne
(Seite 46)

Tortiglioni alla sorrentina
Dicke Röhrennudeln mit
Tomaten und Mozzarella
(Seite 77)

Costoletta di vitello alla Strato
Kalbskotelett auf Stratos Art
(Seite 118)

Frutti di bosco con crema
di mascarpone
Beeren mit Mascarponecreme
(Seite 138)

III.
Cozze in umido
Gedämpfte Miesmuscheln
(Seite 52)

Linguine puttanesca
Nudeln mit Oliven und Kapern
(Seite 76)

Pollo alla contadina
Huhn nach Bäuerinnen-Art
(Seite 112)

Panna cotta
Sahnecreme
(Seite 130)

IV.
Mare e monti
Canellinibohnen
mit Riesengarnelen
und Pilzen
(Seite 26)

Capellini pesto
Dünne Spaghetti mit Pestosauce
(Seite 60)

Orata all'acqua pazza
Goldbrasse aus dem Ofen
(Seite 86)

Tiramisu
Mascarponecreme mit
Löffelbiskuits
(Seite 136)

V.
Insalata di mare
Meeresfrüchtesalat
(Seite 30)

Pasta e fagioli
Nudeln mit weißen Bohnen
(Seite 68)

Milanese con rucola
Mailänder Schnitzel
(Seite 120)

Prugne con vino rosso
Pflaumen in Rotwein
(Seite 144)

VI.
Funghi trifolati
Feingeschnittene gebratene Pilze
(Seite 42)

Capellini pesto
Dünne Spaghetti mit Pestosauce
(Seite 60)

Coda di Rospo con patate
Seeteufel mit Kartoffeln
(Seite 84)

Profiteroles
Gefüllte Windbeutel
(Seite 134)

VII.
Insalata di rucola con pecorino
Raukesalat mit Schafskäse
(Seite 44)

Pennette al faro
Kurze Röhrennudeln
mit Auberginen und Paprika
(Seite 70)

Ossobuco
Geschmorte Kalbshaxe
(Seite 104)

Crema brulata
Gratinierte Vanille-Sahnecreme
(Seite 126)

VIII.
Carpaccio di filetto di bue
Mariniertes Ochsenfilet
(Seite 32)

Taglioni ai porcini
Schmale Bandnudeln mit
Steinpilzen
(Seite 66)

Rombo con crosta di patate
Baby-Steinbutt mit
Kartoffelkruste
(Seite 80)

Panna cotta
Sahnecreme
(Seite 130)

IX. Vegetarisches Menü
Insalata di rucola con pecorino
Raukesalat mit Schafskäse
(Seite 44)

Melanzane alla parmigiana
Auberginen-Gratin
(Seite 38)

Risotto primavera
Risotto mit Frühlingsgemüse
(Seite 58)

Torta di Mandorle
Mandeltorte
(Seite 128)

X.
Spaghetti alle vongole
Spaghetti mit Venusmuscheln
(Seite 74)

Branzino alla griglia
Wolfsbarsch vom Grill
(Seite 82)

Scaloppine alla napoletana
Kalbsschnitzelchen
auf neapolitanische Art
(Seite 102)

Tiramisù
Mascarponecreme mit
Löffelbiskuits
(Seite 136)

XI.
Scampi all'aglio
Kaisergranat mit Knoblauch
(Seite 50)

Pennette al faro
Kurze Röhrennudeln mit
Auberginen und Paprika
(Seite 70)

Coniglio con fagioli
Kaninchenrücken mit Bohnen
(Seite 98)

Profiteroles
Gefüllte Windbeutel
(Seite 134)

XII. Sommermenü
Insalata con punte di filetto
Salat mit Filetspitzen
(Seite 34)

Spaghetti Picchio-Pacchio
Spaghetti mit Sauce
von rohen Tomaten
(Seite 56)

Branzino alla griglia
Wolfsbarsch vom Grill
(Seite 82)

Bavarese al limone
Zitronenmousse
(Seite 132)

XIII. Wintermenü
Calamari e fagioli
Tintenfische mit Bohnen
(Seite 40)

Farfalle al salmone
Schmetterlingsnudeln mit Lachs
(Seite 62)

Cosciotto di porchetta
Spanferkelkeule
(Seite 114)

Cioccolata Strato
Schokoladencreme
(Seite 142)

REGISTER

Fleisch

Nachspeisen

REGISTER

Antipasti

Pasta e Risotti

Pesce

Carne

Dolci

Strato Cotugno
ist gebürtiger Neapolitaner. Seit 15 Jahren zelebriert er mit großem Vergnügen und zum Genuß seiner Gäste die Küche seiner Heimat im Ristorante L'Europeo.

Peter C. Hubschmid
lernte die italienische Küche schon als Kind schätzen. Als Autor und Übersetzer hat er sich auf kulinarische Themen spezialisiert. Seine Reiseberichte und Weinreportagen erscheinen u. a. in „Essen & Trinken". Zuletzt veröffentlichte er mit Vincent Klink das Buch „Schwäbische MundArt".

Urs Kluyver
studierte an der Folkwangschule in Essen bei Professor Otto Steinert. Er lebt seit 1969 in Hamburg und arbeitet als freier Fotojournalist für verschiedene deutsche und internationale Magazine. Er ist Mitglied der Focus-Bildagentur und publizierte seine Fotos in vielen Büchern.

Die Deutsche Bibliothek – CIP-Einheitsaufnahme

Die **italienische Küche** : la cucina tipica – einfach und gut / Strato Cotugno ; Peter C. Hubschmid (Text). Urs Kluyver (Fotos). - Hamburg : Zeise, 1998
ISBN 3-932844-17-3

Text: Peter C. Hubschmid und Strato Cotugno, Hamburg
Fotos: Urs Kluyver, Hamburg
Gestaltung: Hartwig Kloevekorn, Hamburg
Lektorat: Antje Küthe, Hamburg
Lithographie: Offset-Repro im Centrum, Hamburg
Druck C. H. Wäser Offset GmbH, Bad Segeberg
Bindearbeiten: S. R. Büge, Celle